D1738327

Mexico City Streets:

LA ROMA

CIUDAD DE MÉXICO

¡LA ROMA COMO NUNCA ANTES LA HAS VISTO!

La Roma as you've never seen it before!

LYDIA CAREY

Con ilustraciones de **Sanya Hyland**

Grijalbo

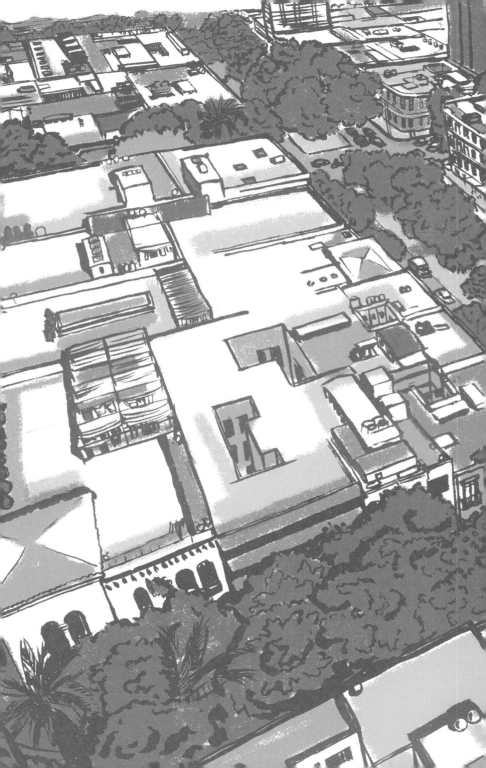

Mexico City Streets: La Roma
¡La Roma como nunca antes la has visto!
La Roma as you've never seen it before!

Primera edición: octubre, 2018

D. R. © 2018, Lydia Carey

D. R. © 2018, derechos de edición mundiales en lengua castellana:
Penguin Random House Grupo Editorial, S. A. de C. V.
Blvd. Miguel de Cervantes Saavedra núm. 301, 1er piso,
colonia Granada, delegación Miguel Hidalgo, C. P. 11520,
Ciudad de México

www.megustaleer.mx

D. R. © 2018, Sanya Hyland, por las ilustraciones
D. R. © 2018, Emicel Mata, por el diseño de interiores

Agradecimiento especial a Arturo Torres Landa por la revisión
de los textos en español.

ISBN: 978-607-317-230-1

Impreso en México – *Printed in Mexico*

El papel utilizado para la impresión de este libro ha sido fabricado a partir
de madera procedente de bosques y plantaciones gestionadas con los más
altos estándares ambientales, garantizando una explotación de los recursos
sostenible con el medio ambiente y beneficiosa para las personas.

Penguin
Random House
Grupo Editorial

For everyone that has made this book possible and for all of my neighbors in La Roma.

Para todos que hicieron posible este libro y para todos mis vecinos de la Roma.

Índice

11 Introduction · Introducción

16 Getting to Know La Roma · Conoce La Roma
22 Transportation Map · Mapa de transporte
24 General Map · Mapa general

26 Section 1 · Sección 1

30 Map · Mapa
32 Sleeping · Dormir
33 Eating & Drinking · Comer y beber
39 Shopping · Compras
43 Services · Servicios
45 Culture · Cultura
50 Street Food · Comida callejera

52 Section 2 · Sección 2

56 Map · Mapa
58 Sleeping · Dormir
59 Eating & Drinking · Comer y beber
66 Shopping · Compras
70 Services · Servicios
71 Culture · Cultura
75 La Romita
80 Street Food · Comida callejera

82 Section 3 · Sección 3

86 Map · Mapa
88 Sleeping · Dormir
88 Eating & Drinking · Comer y beber
98 Shopping · Compras
101 Services · Servicios
104 Culture · Cultura
105 Street Food · Comida callejera

108 Real Estate · Bienes raices

112 Section 4·Sección 4

116 Map·Mapa
118 Sleeping·Dormir
119 Eating & Drinking·Comer y beber
127 Shopping·Compras
130 Services·Servicios
131 Culture·Cultura
134 Street Food·Comida callejera

136 Section 5·Sección 5

140 Map·Mapa
142 Eating & Drinking·Comer y beber
147 Shopping·Compras
150 Services·Servicios
153 Culture·Cultura
155 Mercado Medellín
158 Street Food·Comida callejera

160 Section 6·Sección 6

164 Map·Mapa
166 Eating & Drinking·Comer y beber
170 Shopping·Compras
172 Services·Servicios
175 Culture·Cultura
175 Street Food·Comida callejera

179 Bike Rental·Renta de bicicletas

182 Section 7·Sección 7

186 Map·Mapa
188 Sleeping·Dormir
189 Eating & Drinking·Comer y beber
199 Shopping·Compras
204 Services·Servicios
208 Culture·Cultura
210 Street Food·Comida callejera

212 Inspiring Roma·La Roma inspira

Introduction

Introducción

This book is the result of my six years moving into, getting to know, and falling in love with La Roma, one of Mexico City's best neighborhoods.

When I first arrived I knew nothing about the neighborhood's history, had no context for its architecture, and no idea where to find the best *carnitas*. As I set out to figure each of those things out, I discovered that I was writing a mental guide long before I put anything on paper —compiling lists of favorite restaurants, noting the quietest cafes for working, and researching B&Bs for visiting friends. I started my blog, *www.MexicoCityStreets.com*, as a permanent memory bank for all those facts —and as a place to gush about my discoveries.

In this book, the second edition of *Mexico City Streets: La Roma*, we have followed the previous format, dividing La Roma into seven sections. Each section has its own chapter, and every chapter starts with a map of the section. Following each section map is a list of suggestions for hotels, eating, drinking, dancing, local services, shopping, and culture. This latest version also includes a list of street food stands in each section that I love.

Life in Colonia Roma, and Mexico City in general, is best enjoyed (and understood) on foot and in neighborhoods. La Roma, like much of Mexico City, has distinct areas known for different kinds of services —doctors, mechanics, flower shops, etc.— but you will find a little bit of everything everywhere, and always an *abarrotes*, a small convenience store, around the corner. I have tried to highlight services that I think are most useful in or most particular to each individual section.

A few disclaimers: I couldn't include everything. If you think there's a gaping hole let me know about it! I have tried to present an eclectic list of my favorite locales, places that work for a variety of budgets, lifestyles and preferences. I have done my very best to check and recheck business hours, but often, small, owner-operated shops don't stick to their official hours.

Businesses and housing are constantly in flux in La Roma. I have tried to include both the well established and the recent arrivals, but by the time of this guide's printing there will likely be new things to add and old things to scratch off the list.

Whether you are visiting for a week, three months, or making a permanent move, this guide seeks to offer you ways to quickly get settled, informed and start enjoying La Roma, with the hopes that you will reach out to your neighbors, frequent local shops and parks, and not just visit but fully experience this amazing place I call home.

Este libro es el resultado de seis años de vivir en La Roma, de familiarizarme con ella y enamorarme de una de las mejores colonias de la Ciudad de México.

Cuando recién llegué, mi conocimiento sobre la historia de La Roma era muy elemental; no tenía ninguna referencia o datos sobre cosas básicas como su estilo arquitectónico o el mejor lugar para comer carnitas. Una vez que me propuse descubrir estas cosas, me di cuenta de que creaba una guía mental mucho antes de ponerla por escrito, al tiempo que compilaba una lista de mis restaurantes favoritos, las cafeterías más tranquilas para trabajar y los mejores alojamientos para quien quisiera visitarme. Comencé a escribir mi blog, *www.MexicoCityStreets.com*, a modo de archivo para registrar todos esos hallazgos y plasmar poco a poco mis descubrimientos.

En este libro, la segunda versión de *Mexico City Streets: La Roma*, mantuvimos el formato anterior, al dividir La Roma en siete secciones. Cada zona se describe en la primera página de la sección. Después de cada mapa de la zona hay una lista de sugerencias sobre hoteles, lugares para comer, beber, bailar, acceder a ciertos servicios, comprar y realizar actividades culturales. Además, en esta nueva edición, cada sección cuenta con una lista de mis puestos favoritos de comida callejera.

La vida en la Colonia Roma, y en México en general, se disfruta y se comprende mucho mejor a pie, desde una perspectiva que permite darle su debido contexto. La Roma, al igual que el resto de la Ciudad de México, tiene distintas áreas en las que se ofrecen diferentes tipos de servicios (doctores, mecánicos, florerías, etcétera), pero encontrarás un poquito de todo en todas partes y ciertamente una tienda de abarrotes en cada esquina. He tratado de destacar los servicios que considero son los más útiles y pertinentes en cada sección.

Algunas aclaraciones: ¡no pude incluir todo! Si crees que hace falta algo importantísimo, ¡avísame! He tratado de presentar una mezcla ecléctica de mis lugares favoritos con una amplia gama de precios, estilos de vida y preferencias. He hecho mi mejor esfuerzo por confirmar los horarios de trabajo de estos negocios, pero cuando se trata de pequeñas tiendas manejadas por sus propios dueños, las horas de atención al público no son fijas.

Tanto los negocios como las viviendas cambian constantemente y he tratado de incluir lugares establecidos desde hace años, así como aquellos que acaban de abrir sus puertas. Sin embargo, al momento en que esta guía se imprima, lo más probable es que existan nuevos lugares por añadir y algunos otros que hayan cerrado y que deba quitar de la lista.

No importa si vienes por una semana, tres meses o si eres un habitante permanente: esta guía ofrece formas de establecerse, informarse y empezar a disfrutar La Roma, con la esperanza de que socialices con sus vecinos, compres en las tiendas de la colonia y disfrutes de sus parques; en otras palabras, que no sólo la visites, sino que también experimentes por completo este increíble lugar que se ha convertido en mi hogar.

GETTING TO KNOW LA ROMA
CONOCE LA ROMA

I am simply one in a long line of newcomers to La Colonia Roma. In 1906, the *colonia* was built as a refuge for wealthy residents escaping urban grit and overpopulation in Mexico City's historic center, teeming with over 350,000 inhabitants. English developer and circus owner Edward Walter Orrin, who built the Colonia Roma on the fields surrounding La Romita, a tiny village just outside the already sprawling city limits, brought this new suburban lifestyle to the affluent residents.

The *colonia* was an immediate draw, thanks to Orrin's wide, Parisian boulevards and the homes' eclectic architecture, which sported various late 19th and early 20th century styles. With electric lights, paved streets and every modern convenience, Roma was the height of turn-of-the-century fashion. Those who could afford it bought up lots as soon as they were available.

As the population grew, the residents of La Romita, the small town around which La Roma was built, fought hard to keep the newly minted *colonia* from encroaching on their handful of streets and tiny plaza. The town was a vestige of the pre-Hispanic era and for years had been largely ignored by Mexico City residents. La Romita petitioned the city to put a stop to the expansion, but before long, they too were swallowed into the growing suburb.

Mexico City, like most other Latin American metropolises in the 1940s, was industrializing and attracting rural migrants into La Roma. During this period, migrants from neighboring states began to populate the area. Middle-class Arabic and Jewish immigrants also found their way out of the city center to the streets of La Roma, while many of the elites who first populated the neighborhood moved to up-and-coming suburbs like Polanco, Lomas de Chapultepec and Anzures. Some of the neighborhood's monstrous, early 20th-century mansions started to be converted into boarding houses to meet rising housing demands. The sparsely populated boulevards the *nouveau riche* strolled on at the turn of the century gave way to the rumble-tumble mix of apartment buildings, businesses, schools and offices that you find here today.

Forty years later, in 1985, a massive earthquake shook Mexico City, destroying almost 200 homes and killing several thousand residents in La Roma. Near the Centro Médico metro stop, several of the apartment buildings that combined to form the Benito Juárez Multifamiliar, a large residential complex, collapsed to the ground, killing hundreds and leaving behind physical scars that now, decades later, only longtime residents can see.

"Every time I walk into the Parque Delta I get a shiver down my spine," my neighbor told me once, referring to the mall that was built over the neighborhood's old ballpark. It served as a morgue in the months after the quake. The tragedy precipitated another exodus from La Roma, and damaged and unmanageable buildings were abandoned to new, poorer migrants coming to work and live in the *colonia*.

From the 1990s to today the neighborhood has been going through a renaissance. Neighboring *colonia* La Condesa became the place for young, hip *chilangos* to live, and its popularity, as well as renewed interest in *art nouveau* architecture and leafy streets, spilled over into La Roma. On Álvaro Obregón, La Roma's main avenue, tiny outdoor cafes, boutique clothing stores, and art galleries started to sprout up, and the phenomenon continues today throughout the rest of the neighborhood.

In 2017, tragedy once again struck La Roma in the form of a 7.1 earthquake that shook the city to its knees. While fewer lives were lost and fewer buildings damaged than in '85, the earthquake still wreaked havoc on La Roma and nearby Condesa. The days and weeks following the quake found neighbors joining with neighbors in support, in rescue, and in grief. Over a year later and things for most residents have returned to their regular rhythms. Walking the streets of La Roma today you can appreciate the scars left by the recent quake, but you can also witness the vibrant life of a community that continues to flourish, in the face of the many peaks and valleys of its history.

Yo pertenezco a una de las últimas generaciones en la Colonia Roma, y formo parte de una larga lista de recién llegados a la zona. En 1906, la colonia se construyó como un refugio para los residentes acaudalados que buscaban escapar del bullicio urbano y la sobrepoblación del Centro Histórico de México, que en ese entonces ya contaba con más de 350,000 habitantes. Esta nueva vida suburbana vino de la mano del desarrollador y propietario de circo Edward Walter Orrin, un inglés que construyó la Colonia Roma en las tierras circundantes a La Romita, un pequeño caserío ubicado a las afueras de la ciudad.

La colonia tuvo una atracción inmediata en gran medida por los amplios bulevares diseñados por Orrin y por el eclecticismo de la arquitectura de la zona, que combinó estilos de fines del siglo XIX y principios del XX. Con alumbrado eléctrico, calles asfaltadas y todas las facilidades de la vida moderna, la Roma se convirtió en la última moda de finales de siglo. Aquellos que tenían los recursos se apresuraron a comprar lotes de tierra.

A medida que la población crecía, los residentes de La Romita, el pequeño poblado a partir del cual nació La Roma, lucharon por mantener a la nueva colonia fuera de su puñado de calles y pequeña plaza. El pueblo, un vestigio de la era prehispánica, había sido ignorado durante años por los residentes de la Ciudad de México. La Romita solicitó a las autoridades de la ciudad que pusieran un freno a esta expansión, pero sin éxito alguno: el creciente suburbio acabó por absorberlos.

En 1940, la Ciudad de México, como muchas otras metrópolis de Latinoamérica, comenzó un proceso de industrialización que atrajo a la población del campo a la ciudad. Durante este periodo, los migrantes de los estados aledaños comenzaron a poblar La Roma. Los inmigrantes de clase media de origen judío o árabe también comenzaron a mudarse desde el centro de la ciudad hacia La Roma, y muchas de las élites que poblaron inicialmente el vecindario se mudaron a zonas suburbanas más ricas como Polanco, Lomas de Chapultepec y Anzures. En La Roma, muchas de las gigantescas mansiones construidas a principios del siglo xx fueron convertidas en pensiones para alojar a la creciente población. Los amplios bulevares por donde paseaban los nuevos ricos a fines del siglo xx, dieron paso a esta caótica mezcla de edificios, departamentos, negocios, escuelas y oficinas que hoy conocemos como La Roma.

Cuarenta años después, en 1985, un devastador terremoto sacudió la Ciudad de México: destruyó casi 200 casas y edificios, y acabó con la vida de miles de residentes. En la Roma Sur, cerca de la parada del metro Centro Médico, muchos de estos grandes edificios de departamentos que conformaban el Multifamiliar Benito Juárez colapsaron, mataron a cientos de personas y dejaron heridas y cicatrices que aún ahora, décadas después, aquellos que han vivido aquí toda su vida reconocen.

"Cada vez que entro a Parque Delta siento un escalofrío", me cuenta mi vecina, en referencia al centro comercial construido sobre la que fuera la cancha de beisbol de la colonia. La cancha fue usada como morgue durante meses después del terremoto. La tragedia provocó otro éxodo de La Roma y varios edificios dañados fueron abandonados y, a su vez, ocupados por nuevos migrantes de menos recursos que vinieron a trabajar y vivir en la colonia.

Desde la década de 1990 hasta la fecha la colonia ha vivido un renacimiento. La Colonia Condesa se convirtió en el lugar de moda para los chilangos jóvenes y su popularidad, así como el renovado interés en la arquitectura *art nouveau* y las calles arboladas, se hicieron presentes también en La Roma. En Álvaro Obregón, la avenida principal de la colonia, comenzaron a surgir pequeños cafés al aire libre, tiendas *boutique* de ropa y galerías de arte.

En 2017, la tragedia volvió a hacerse presente en La Roma con un terremoto de 7.1 grados Richter que puso a la ciudad de rodillas. Y aunque hubo una menor pérdida de vidas y de edificios dañados que en el 85, el terremoto causó serios estragos en La Roma y en la cercana Colonia Condesa. En los días y semanas posteriores al temblor, los vecinos se unieron en labores de rescate y duelo. A más de un año de distancia, para la mayoría de los residentes la vida ha regresado a la normalidad. Al caminar por las calles de La Roma todavía se pueden ver las cicatrices del sismo, pero también el vibrante ir y venir de una comunidad que florece a pesar de las subidas y bajadas de su historia.

TRANSPORTATION MAP
MAPA DE TRANSPORTE

In Roma Norte, on streets north of Álvaro Obregón there are Ecoparq parking meters. If you are a resident and do not have parking in your building you can apply for a Renewable Resident's Permit through the Ecoparq website, *http://www.ecoparq.cdmx.gob.mx.* You must fill out the application online, after which you will be scheduled an appointment in the Ecoparq office in the Colonia San Rafael. You will need proof of residency (*comprobante de domicilio*), which can be a water, electricity or phone bill. You will also need official identification and a current registration card (*tarjeta de circulación*) for the vehicle. Make sure you double check the website for any changes to these requirements.

For Ecobici sign-up, check out the bike rental section of this guide.

En la Roma Norte existen parquímetros Ecoparq en las calles situadas al norte de Álvaro Obregón. Si resides en La Roma y en tu edificio o casa no hay dónde estacionarse, puedes solicitar y obtener un permiso renovable para residentes a través del sitio de internet de Ecoparq: *http://www.ecoparq.cdmx.gob.mx.* Debes

Colonia Roma has 49 stations of the city's bike sharing program, Ecobici, but only a few streets have bike lanes.

En la Colonia Roma existen 49 estaciones de Ecobici, el programa de bicicletas compartidas de la ciudad, pero sólo unas pocas calles cuentan con ciclovía.

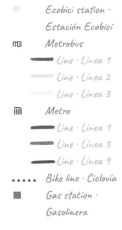

- ● Ecobici station · Estación Ecobici
- ⅢB Metrobus
  - ━ Line · Línea 1
  - ━ Line · Línea 2
  - ━ Line · Línea 3
- Ⓜ Metro
  - ━ Line · Línea 1
  - ━ Line · Línea 3
  - ━ Line · Línea 9
- ····· Bike line · Ciclovía
- ■ Gas station · Gasolinera

completar la solicitud en línea y, una vez que lo hayas hecho, te darán una cita en las oficinas de Ecoparq en la Colonia San Rafael. Deberás acudir con un comprobante de domicilio, que puede ser un recibo de agua, luz o teléfono. También necesitarás una identificación oficial y una tarjeta de circulación vigente para tu vehículo. Asegúrate de revisar el sitio de internet antes de ir por si hubiera algún cambio de requisitos.

Para sumarte a Ecobici, consulta la sección de renta de bicicletas de esta guía.

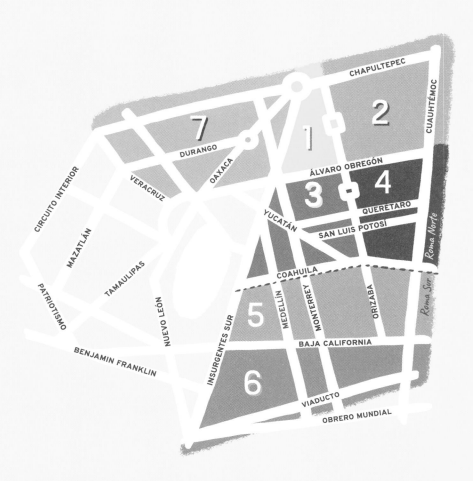

This map is composed of seven sections to help divide the *colonia* into approachable pieces. In the following pages you will find each separate section headed with its own map, listing the highlights in that area.

La Roma is one of the 33 *colonias* that make up Delegación Cuauhtémoc (similar to a city borough). The neighborhood is bordered by the following *colonias*: Doctores to the east, La Condesa to the west, Juárez to the north, and Narvarte and Del Valle to the south. There are around 30,000 permanent residents living in La Roma and a whopping five million people that pass through the *colonia* every day to work, shop, eat and drink.

GENERAL MAP
MAPA GENERAL

E ste mapa está compuesto de siete secciones para dividir la colonia en partes más manejables. En las siguientes páginas encontrarás cada sección en forma individual, encabezada por su propio mapa, con un listado de los sitios destacados en esa área.

La Roma es una de las 33 colonias que componen la Delegación Cuauhtémoc. La Roma está rodeada por las siguientes colonias: Doctores al este, La Condesa al oeste, Juárez al norte, y Del Valle y Narvarte al sur. Hay alrededor de 30,000 residentes permanentes en la Colonia Roma y alrededor de cinco millones de personas la transitan diariamente para trabajar, comprar, comer y beber.

Section · Sección 1

W alk the streets of this section of La Roma and you will find the blissfully organized Goethe-Institut, a German center that hosts concerts, films and other public events. There's also the Museo Universitario de Ciencias y Arte (MUCA), an art gallery offering rotating exhibits by student and professional artists. The Sagrada Familia Church is home to the remains of counter-revolutionary Padre Miguel Pro, executed by firing squad on charges of collaborating in the attempted assassination of former Mexican President Álvaro Obregón. The Salón de la Plástica Mexicana is both a gallery and non-profit that has been promoting Mexican contemporary art for over 60 years.

C amina por las calles de esta sección y encontrarás el Instituto Goethe, un centro de enseñanza del alemán que destaca por su organización sofisticada y su oferta de películas, conciertos y otros eventos culturales. También está el Museo Universitario de Ciencias y Arte (MUCA) que ofrece exhibiciones itinerantes realizadas por estudiantes y artistas profesionales. La Iglesia de la Sagrada Familia alberga los restos del Padre contrarrevolucionario Miguel Pro, quien fuera ejecutado por un batallón de fusilamiento, acusado de haber colaborado en el intento de asesinato del expresidente mexicano Álvaro Obregón. El Salón de la Plástica Mexicana es tanto una organización sin fines de lucro como una galería que ha promovido el arte mexicano contemporáneo durante los últimos 60 años.

The massive circular plaza that encircles the Insurgentes metro stop (the pink line), one out of the three that can be found in the neighborhood, was once a prime spot for cruising if you were a gay man living in La Roma. Despite a changing cast of characters, it's never lost its *mala fama* and most neighbors still wouldn't dream of wandering there at night. These days the plaza is lined with shops and small eateries, and is a world of its own, especially during Zumba classes on Saturday mornings. It's a fascinating place for a little people-watching.

En esta zona de La Roma se encuentra la enorme glorieta que circunda la parada del metro Insurgentes (la línea rosa), una de las tres de la colonia. En esta plaza circular, llena de tiendas y pequeñas fondas, existe un micromundo que durante muchos años fue el lugar de reunión de la población marginal de la colonia y un punto de ligue de hombres homosexuales. En estos días ha perdido esos ribetes escandalosos, pero aún es un lugar fascinante para observar a la gente, sobre todo cuando hay clases de zumba abiertas al público los fines de semana.

The city's bike-sharing program, Ecobici, has several stations in this area, and it's one of the few areas of the neighborhood with bike lanes. The Río de Janeiro Park, with its tree-lined plaza and beautiful David sculpture perched atop a central fountain, is one of the *colonia's* true gems. Surrounding the park is a living museum of *art deco* and *art nouveau* architecture common to La Roma and La Condesa. Take special note of the Casa de las Brujas (Río de Janeiro building #56), the one-time home of Bárbara Guerrero, a local witch who was very cozy with some of the city's top politicians. On the small triangle garden where Insurgentes, Álvaro Obregón and Monterrey meet —now dedicated to the memory of literary giant Juan Rulfo, another famous La Roma resident– used to sit the house of Adamo Boari, architect of two of the most famous buildings in the city's historical center, the Palacio de Correos and Palacio de Bellas Artes. General Álvaro Obregón lived at #185 Jalisco (now Álvaro Obregón) and right next door at #187 lived Concepción Acevedo de la Llata, sent to an island prison off the coast of Nayarit, also accused in Obregón's murder.

El programa de bici compartida de la ciudad, Ecobici, posee numerosas estaciones en esta zona y es una de las pocas secciones con ciclovías. El parque Río de Janeiro, con su plaza arbolada y hermosa escultura de David ubicada sobre una fuente central, es una de las verdaderas joyas de la colonia. Alrededor del parque se encuentran numerosos ejemplos de arquitectura *art deco* y *art nouveau*, característicos de La Roma y La Condesa. Presta especial atención a la Casa de las Brujas (Edificio Río de Janeiro #56), que fuera hogar de Bárbara Guerrero, una bruja muy consultada por los políticos más prominentes de la ciudad. En el pequeño triángulo donde confluyen Insurgentes, Álvaro Obregón y Monterrey (ahora dedicado a la memoria del gigante literario Juan Rulfo, otro célebre vecino de La Roma), solía estar la casa de Adamo Boari, arquitecto de dos de los edificios más famosos del Centro Histórico de la ciudad: el Palacio de Correos y el Palacio de Bellas Artes. El general Álvaro Obregón vivió en Jalisco #185 (ahora Álvaro Obregón) y justo al lado, en el #187, vivió Concepción Acevedo de la Llata, otra acusada de ser cómplice en el asesinato de Obregón, quien fue encarcelada en una isla cercana a la costa de Nayarit.

Rents in this area are high but it has some of La Roma's finest architecture, and the streets (except for Álvaro Obregón) are relatively quiet. The morning coffee drinkers huddle around the counter at Panadería Rosetta and Delirio Bistro. For lunch, the food carts that line the corner of Puebla and Jalapa and the *torta* (Mexican sandwiches on crusty, white bread rolls) stand on Álvaro Obregón are always packed. Nightlife centers around two main streets —Orizaba and Álvaro Obregón; locals play pool at Lucille's or enjoy *tapas* and wine at the tiny strip of restaurants near Alekzander on Álvaro Obregón.

El costo de la renta en esta zona es elevado, pero definitivamente cuenta con la arquitectura más elegante de La Roma y las calles (excepto Álvaro Obregón) son relativamente tranquilas. Por las mañanas, los bebedores de café se acomodan en la barra de la Panadería Rosetta y el bistró Delirio. Al mediodía, los puestos de comida callejera que se encuentran en Puebla y Jalapa, y los de tortas en Álvaro Obregón, están siempre a reventar. La vida nocturna se concentra alrededor de dos calles principales: Orizaba y Álvaro Obregón; los residentes juegan al billar en Lucille y disfrutan de tapas y vinos en la pequeña franja de restaurantes cerca de Alekzander en Álvaro Obregón.

Section · Sección 1

ⅢⒷ Metrobus Ⓜ Metro

SLEEPING · DORMIR

1 La Valise Hotel
2 Nima Local House Hotel

EATING & DRINKING · COMER Y BEBER

1 Panadería Rosetta
2 Lucille
3 Dulcería de Celaya
4 Maison Artemisia
5 Butcher and Sons
6 Maison Française de Thé Caravanseraï
7 La Pulga
8 Delirio
9 Non Solo
10 Alekzander
11 Sesame
12 Yuban
13 Tierra Garat
14 Boicot Café

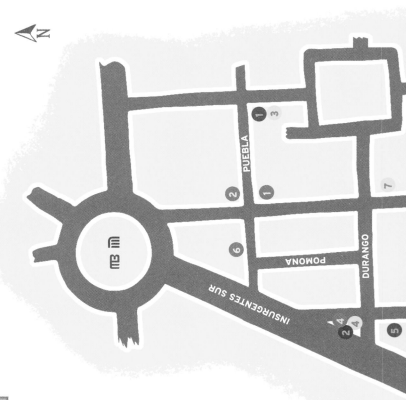

15 Huset
16 Alma Negra

SHOPPING · COMPRAS

1 Happening Store
2 Tráfico Bazar
3 Gaia
4 Camino Silvestre
5 Lemur
6 Balmori Building Shops
7 180 Shop
8 La Roma Records
9 Trouvé
10 Industrias de Buena
Voluntad (Goodwill)

SERVICES · SERVICIOS

1 Hospital Obregón
2 Car Wash (Autolavado)
3 Impact Hub
4 Public Parking (Estacionamiento público)
5 Banamex
6 Comex

CULTURE · CULTURA

1 Parroquia de la Sagrada
Familia / Museo Padre Pro
2 Salón de la Plástica Mexicana
3 Museo Universitario de
Ciencias y Arte (MUCA)
4 Centro Budista
5 Goethe-Institut
6 Casa Tibet México

STREET FOOD · COMIDA CALLEJERA

1 Mariscos Orizaba
2 Tacos a la plancha
3 Birria
4 Tacos de guisado
5 Tortas
6 Tacos Puebla

Sleeping
DORMIR

① La Valise Hotel
Tonalá #53 / 5286 9560

Just a few years under its belt and the hip La Valise Hotel is one of the neighborhood's top rated hotels, and its three (that's right, only three) luxury suites book up fast. The Terraza Suite is by far the coolest with a bed that rolls right out onto an outside patio, but La Luna, with its giant moon door, is a close second. Prices range from 280 to 360 USD.

Con tan sólo unos cuantos años de existencia, La Valise es uno de los mejores hoteles *boutique* en la zona y sus tres (sí, únicamente tres) suites se reservan muy rápido. La Suite Terraza es por mucho la mejor, con una cama que se desliza hacia un patio exterior; pero La Luna, con su gigantesca puerta en forma de luna, le sigue muy de cerca en la segunda posición. Los precios por noche oscilan entre 5,500 y 7,000 pesos.

f *@lavalisehotels*
📷 *@lavalisehotels*
🏠 *www.lavalise.com*

② Nima Local House Hotel
Colima #236 / 7591 7175

Homey and chic, guests rave about the friendly and personalized service at Hotel Nima. Almost invisible from the street and housed in a beautiful Roma mansion, they offer spa services, a bar, and luxury rooms and amenities (like a pillow menu). Prices range from 320 to 378 USD a night.

Acogedor y chic, los huéspedes no hacen más que alabar el servicio amable y personalizado del Hotel Nima. Aunque es difícil ubicarlo desde la calle, ya que se encuentra al interior de una hermosa mansión en la colonia Roma, cuenta con servicio de spa, bar, habitaciones de lujo y varias amenidades, como una amplia selección de almohadas. Los precios varían desde 5,800 hasta 6,800 pesos por noche.

f *@HotelNima*
📷 *@nimalocalhouse*
🏠 *nimalocalhousehotel.com*

Eating & Drinking
COMER Y BEBER

① Panadería Rosetta
Colima #178A / 5207 2976

MON LUN · **SAT** SÁB **7:00 AM-9:00 PM**
SUN DOM **7:30 AM-6:00 PM**

This little coffee shop/bakery is packed almost all day long. It might be that there are only seven seats at the bar —or it might be the deliciously sweet and savory bread baking in the back. Order one of their delicious scones or the lemon poppyseed bread and enjoy the free Wi-Fi.

Este pequeño café/panadería está repleto de gente casi todo el día. Tal vez se deba a que sólo hay siete asientos en la barra o al delicioso pan dulce y salado que se hornea en la cocina al fondo. Pide uno de sus deliciosos *scones* o el pan de semilla de amapola y disfruta del Wi-Fi gratuito.

f *@Panadería Rosetta*
○ *@panaderiarosetta*
🏠 *www.rosetta.com.mx/panaderia*

② Lucille

Orizaba #99 / 5207 8441

MON LUN · **WED** MIÉ **12:00 PM-**
11:00 PM/12:00 AM
THU JUE · **SAT** SÁB **12:00 PM-2:00 AM**

Lucille is a favorite for its sheer quantity of seating (most Roma bars are pretty small), four pool tables, American-style nachos, and Super Bowl Sunday celebrations. It has a great outdoor space for warm nights and even though the service is generally slow, the staff is friendly and the ambiance mellow.

Lucille es uno de los sitios favoritos por su gran cantidad de asientos (la mayoría de los bares de La Roma son bastante pequeños). Tiene cuatro mesas de billar, ofrece nachos estilo americano y es un muy buen lugar para celebrar el Super Bowl en domingo. Posee un gran espacio para sentarse afuera durante las noches cálidas y si bien el servicio es bastante lento, los empleados son amigables y el ambiente es tranquilo.

f *@LUCILLECOLONIAROMA*
◎ *@billarlucille*

③ Dulcería de Celaya

Orizaba #37 / 5514 8438

MON LUN · **SUN** DOM **10:30 AM-7:30 PM**

Opened in 1874, this candy shop is one of the city's most well-respected and known for its selection of traditional Mexican candies like sesame paste bars, candied fruit, nut bars, amaranth bars and more.

Abierta en 1874, esta dulcería es una de las más respetadas en la ciudad y conocida por su selección de dulces mexicanos, tales como palanquetas de ajonjolí, frutas confitadas, jamoncillos, barras de amaranto y más.

🏠 *dulceriadecelaya.com*

④ Maison Artemisia

Tonalá #23 (second floor · segundo piso) / 6303 2471

WED MIÉ · **SAT** SÁB **7:30 PM-2:00 AM**

A cozy cocktail bar inside an old Roma mansion, Artemisia has a great menu of classic and signature cocktails. The service is casually upscale and if you are lucky you will drop in on a guest bartender night.

Artemisia es un bar acogedor dentro de una vieja mansión de la Roma con una excelente carta de cocteles clásicos o de autor. El servicio es elegante y casual y, si tienes suerte, podrás visitarlo cuando haya una noche de *bartender* invitado.

f *@maisonartemisiamx*
◎ *@maisonartemisia*
@maison_artemisia
🏠 *www.maisonartemisia.com*

⑤ Butcher and Sons

Orizaba #87 (corner with Colima · Esq. con Colima) / 5207 8121

SUN DOM · **WED** MIÉ **1:00 PM-11:00 PM**
THU JUE · **SAT** SÁB **1:00 PM-1:00 AM**

Butcher and Sons has excellent burgers and fries and impossibly slow service, so be prepared to wait. In the meantime, order a couple of their famous gin and tonics —like the Spicy Gin and Tonic, with a twist of orange and star anise, or the Fresh London, with cilantro, juniper berries and lime.

Butcher and Sons ofrece excelentes hamburguesas y papas, pero su servicio es terriblemente lento, así que prepárate para esperar. Mientras esperas, pide un par de sus famosas ginebras con agua tónica, como el Spicy Gin and Tonic con un toque de naranja y anís estrellado o el Fresh London, que viene con cilantro, limón y bayas de enebro.

📷 *@butcherandsons*
🏠 *butcherandsons.com*

⑥ Maison Française de Thé Caravanseraï

Orizaba #101A / 7090 6157

MON LUN · **FRI** VIE **10:00 AM-9:00 PM**
SAT SÁB **11:00 AM-10:00 PM**
SUN DOM **11:00 AM-9:00 PM**

This eclectic teashop is tucked into the basement level of the

beautiful Balmori building on the corner of Orizaba and Álvaro Obregón. They have over 50 varieties of tea, brewed to perfection in individual pots, and offer a tiny menu of pastries and sweets.

Esta ecléctica casa de té está en la parte inferior del hermoso edificio Balmori, ubicado en la esquina de Orizaba y Álvaro Obregón. Tienen más de 50 variedades de té, reposado a la perfección en tazas individuales, y ofrecen un pequeño menú de pastelería y dulces.

📘 *@elcaravanserai*
📷 *@caravanseraimex*
🏠 *www.caravanserai.com.mx*

⑦ La Pulga

Durango #108 (on the Jalapa side · en el lado de Jalapa)
No phone · Sin teléfono

MON LUN · **FRI** VIE **8:30 AM-6:00 PM**

This mini-diner really only has seating outside (there are a few seats along a bar inside near the grill). They serve dependable *tortas* (Mexican sandwiches on crusty white bread rolls) and other Mexican fare, and are popular with the local lunch crowd.

En realidad este pequeño restaurante sólo tiene mesas afuera (también hay algunos lugares en la barra cerca de la parrilla). Sirven tortas y otros alimentos mexicanos, de gusto comprobado y confiable, y son muy populares entre los locales para comer.

8 Delirio
Monterrey #116B (corner with Álvaro Obregón · Esq. con Álvaro Obregón) / 5584 0870
MON LUN · WED MIÉ 8:00 AM-10:00 PM
THU JUE · SAT SÁB 8:00 AM-12:00 AM
SUN DOM 9:00 AM-9:00 PM

Mediterranean-inspired menu and French-bistro ambiance combine to make chef Monica Patiño's Delirio a dining hotspot in La Roma. They have some of the neighborhood's best bread, great sandwiches, and delectable banana-cardamom muffins.

Creado por la chef Mónica Patiño, Delirio es uno de los lugares imperdibles para comer en La Roma. Con un menú inspirado en la comida mediterránea y un ambiente de bistró francés, el restaurante tiene una de las mejores selecciones de pan de la colonia, muy buenos sándwiches y deliciosos panquecitos de cardamomo con plátano.

 @DelirioDF @deliriodf
www.delirio.mx

9 Non Solo
Álvaro Obregón #130 / 5574 8577
SUN DOM · TUE MAR 12:30 PM-1:00 AM
WED MIÉ · SAT SÁB 12:30 PM-2:00 AM

Non Solo is a staple in the neighborhood and has an additional location on Luis Cabrera Plaza. They have home-style, hearty Italian food: eggplant Parmesan, linguine in white sauce, and a long list of red wines, plus a mood-inducing, candle-lit ambiance.

Non Solo es un clásico de la colonia y posee otra sucursal cerca de la Plaza Luis Cabrera. Sirven comida italiana casera y deliciosa: berenjenas a la parmesana, linguini en salsa blanca y una larga lista de vinos, además de una iluminación con velas que crea un ambiente muy agradable.

 @NONSOLOoficial
 nonsolo.mx

10 Alekzander
Álvaro Obregón #130 / 5574 0266
MON LUN · WED MIÉ 1:00 PM-11:30 AM
THU JUE · SAT SÁB 1:00 PM-1:30 AM
SUN DOM 1:00 PM-10:30/11:00 PM

This is a popular late-night hangout on Álvaro Obregón, serving up a mix of international cuisine. Their *pinchos* (small bite-size *tapas*) are delectable, as is the *pad thai* and their selection of wine and cheese.

Éste es un lugar muy popular para salir de noche y ofrece una mezcla de cocina internacional. Sus pinchos son deliciosos, así como el *pad thai* y su selección de vinos y quesos.

f *@restaurantealekzander*

⑪ Sesame
Colima #183 / 5207 7471

TUE MAR · WED MIÉ 2:00 PM-10:45 PM
THU JUE · SAT SÁB 2:00 PM-11:45 PM
SUN DOM 2:00 PM-5:45 PM

This is an Asian food lover's delight. The crunchy Szechuan beef appetizer and lamb *samosas* with tomato chutney are at the top of the list; also try their delicious *pad thai* and Indian curry.

Una delicia para aquellos que aman la comida asiática. Su crujiente Szechuan de res y las *samosas* de cordero con *chutney* de tomate son imperdibles. Prueba también su delicioso *pad thai* y curry hindú.

f *@sesamemx*
◉ *@mxsesame*

⑫ Yuban
Colima #268
6387 0358

MON LUN · THU JUE 6:00 PM-10:00 PM
FRI VIE · SAT SÁB 2:00 PM-10:00 PM
SUN DOM 2:00 PM-4:30 PM

While they boast regional dishes from across Mexico, Yuban specializes in Oaxacan fare. Their green, yellow and *chichilo moles* are all delicious as well as the deer *salpicón* and the tacos *de chapulines*. They also have a full bar serving Mexican wines and craft beer.

Aunque sirven comida regional de todo México, Yuban se especializa en la comida oaxaqueña. Su mole verde, amarillo y el chichilo son deliciosos, además del salpicón de venado y los tacos de chapulines. También tiene un bar muy bien surtido con vinos mexicanos y cerveza artesanal.

f *@YubanRoma*
◉ *@yubanroma*
🏠 *yuban.mx*

⑬ Tierra Garat
Jalapa #99 / 5207 6298

MON LUN · SAT SÁB 7:00 AM-10:30 PM
SUN DOM 8:00 AM- 10:00 PM

While I know you're not supposed to say this about a coffeeshop —they've got GREAT gourmet teas! And hot chocolate, and coffee, and mixtures of the two (like coffee, cacao and chile). This cafe is a freelance haven —you'll find lots of worker bees sipping at their coffees, and click, click, clicking away. Aunque sé que esto es algo que no debes decir sobre un lugar de café, ¡Tierra Garat tiene EXCELENTES tés! Además de chocolate caliente, café y combinaciones de ambos (como una mezcla de café, cacao y chile). Este café es un punto de reunión para los *freelancers* que, como abejas trabajadoras, llegan todos los días a la colmena para teclear sin parar en sus computadoras mientras sorben su delicioso café.

f *@tierra.garat*
◎ *@tierragarat*

14 Boicot Café
Jalapa #99 / 6845 6037

MON LUN · **FRI** VIE **7:00 AM-10:00 PM**
SAT SÁB · **SUN** DOM **8:00 AM-10:00 PM**

Another great spot for whiling away a few work hours, Boicot has a variety of spaces (large family tables, intimate one-person nooks), and plenty of outlets. They make a mean green juice and Mexican hot chocolate and have all the hippest infusion techniques —chemex, cold brew, French press, etc.

Boicot es otro buen lugar para trabajar durante unas horas, pues ofrece espacios para todo tipo de clientes —desde mesas grandes para familias hasta

rincones íntimos para una sola persona—, además de muchos enchufes. Preparan un increíble jugo verde y chocolate caliente estilo mexicano y utilizan las técnicas de infusión más modernas: chemex, cold brew, prensa francesa, etcétera.

f *@boicotcafe*
◎ *@boicotcafe*

15 Huset
Colima #256 / 5511 6767

TUE MAR · **WED** MIÉ **2:00 PM-12:00 AM**
THU JUE · **FRI** VIE **2:00 PM-2:00 AM**
SAT SÁB **10:00 AM-2:00 AM**
SUN DOM **10:00 AM-6:00 PM**

Sitting under a string of twinkling lights in Huset's patio dining room you can almost imagine yourself out of the city and into someone's backyard. This is the point, of course; chef Maycoll Calderón wants to bring upscale barbeque to the metropolis. The menu pays homage to the fireside picnic with lots of smoke-infused grilled veggies, fish and meat.

Bajo las luces centelleantes del patio de Huset es fácil imaginarse fuera de la ciudad y en el traspatio de algún conocido. Por supuesto, ésta es justamente la intención del chef Maycoll Calderón, quien quiere llevar el asado de lujo a la metrópoli. El menú es un homenaje al picnic que se desarrolla junto a una fogata con vegetales, carne y pescado a la parrilla infusionados con humo.

f *@HusetRoma*
◎ *@husetroma*
🏠 *www.huset.mx*

⑯ Alma Negra

Tonalá #53
4162 5899

MON LUN · **SUN** DOM 8:00 AM-9:00 PM

A leader in the third-wave coffee culture in Mexico City, Alma Negra takes extreme care in choosing its beans and is strict about the ways they serve them to you. Go in with a serious mindset about drinking coffee. Their newest locale, a slip of a place on Tonalá, is where you'll find all the caffeine junkies hanging out, comparing cupping notes.

Líder en la llamada tercera ola del café en la Ciudad de Mexico, Alma Negra es muy cuidadosa y estricta en la selección de sus granos y en la manera correcta de servirlos. Entra con una mentalidad muy seria sobre el acto de beber café.

Su ubicación más nueva, un lugar diminuto en Tonalá, es donde encontrarás a los adictos al café mientras charlan y comparan notas de su cata.

f *@almanegracafe*
◎ *@almanegracafe*
🏠 *www.almanegracafe.mx*

Shopping
COMPRAS

① Happening Store

Tabasco #210 / 5919 1254

MON LUN · **FRI** VIE 12:00 PM-8:00 PM
SAT SÁB 11:00 AM-8:00 PM
SUN DOM 11:00 AM-6:00 PM

Kids' tents, tiny works of art, complex geometrical pots with cacti inside, all created by local designers and artists and all waiting for you at the Happening store. Following the success of their San Ángel location, Happening brought its cutesy chic to this neck of the woods and has a million things to fall in love with in their shop.

Tiendas de campaña para niños, pequeñas obras de arte, complejas macetas geométricas con cactus creadas por diseñadores locales y artistas te esperan en la tienda Happening. Tras el éxito de su sucursal en San Ángel, Happening

trajo su ambiente adorable y chic a este vecindario, donde ofrece un millón de cosas para enamorar a cualquiera.

f @HappeningRomaNorte
◎ @happeningstore

2 Tráfico Bazar

Colima #194

SAT SÁB · SUN DOM 11:00 AM-8:00 PM

Check their Facebook for dates ·
Revisa su página de Facebook para
conocer fechas

A weekend bazaar sets up in the elegant Centro Gallego once a month featuring local Mexican designers and artists. Not only a place to see and be seen, you can purchase hand-crafted jewelry, silkscreened t-shirts, artisanal lotions and soaps, odds and ends for your wardrobe, and a beautiful leather bag to put it all in.

Este bazar de fin de semana se instala en el elegante Centro Gallego una vez al mes y reúne el trabajo de varios diseñadores y artistas mexicanos. Aunque visitar el lugar por sí solo vale la pena, también puedes comprar joyería hecha a mano, playeras serigrafiadas, jabones y cremas artesanales, artículos para tu guardarropa y una hermosa bolsa de piel para cargar todo.

f @traficobazarmx
◎ @traficobazar

3 Gaia

Monterrey #104

5350 1425

MON LUN · SUN DOM 10:00 AM-8:00 PM

Gaia may be packed to the gills with room settings and home décor objects but there is something about that Scandinavian style that makes everything feel perfectly in order. They have ready-made and personalized options available for bed sets, living room furniture, and kitchen layouts as well as blankets, pillows, sheets, mirrors, and tiny decorative accents.

Aunque Gaia está plagada de mobilario para habitaciones y objetos de interiorismo, hay algo en el estilo escandinavo que da una sensación de orden. Tiene opciones ya hechas o por pedido para juegos de camas, muebles de sala y juegos de cocina, además de cobijas, almohadas, sábanas, espejos y pequeños retoques para tu casa.

f @gaiadesignmexico
◎ @gaiadesignmx
🏠 www.gaiadesign.com.mx

④ Camino Silvestre
Tabasco #195 / 5208 3486

TUE MAR · **SAT** SÁB **12:00 PM-8:00 PM**
SUN DOM **12:00 PM-5:00 PM**

Located in an ancient Roma mansion, Camino Silvestre is a hodgepodge of wire bird lamps, illustrated storybooks, compass necklaces, delicate butterfly wrapping paper, marble salt shakers, clothing inspired by Frida Kahlo, and vintage stationery.

Ubicado en una antigua casona de La Roma, Camino Silvestre tiene una mezcla de lámparas con figuras de pájaros, libros de cuentos ilustrados, collares hechos con brújulas, papel para envolver con dibujos de mariposas, saleros de mármol, ropa inspirada en Frida Kahlo y artículos de papelería *vintage*.

f *@CSRomaCDMX*
◎ *@caminosilvestreromacdmx*
🏠 *www.caminosilvestre.com*

⑤ Lemur
Colima #206 / 3547 2182

MON LUN · **SAT** SÁB **12:00 PM-8:00 PM**
SUN DOM **12:00 PM-6:00 PM**

One of the limited men's clothing shops in the hood. They sell t-shirts with surfing logos, manly slogans and understated designs. They also have wallets, key chains, duffel bags and a huge selection of Vans.

Una de las pocas tiendas de ropa para hombres en el barrio. Venden playeras con logotipos de surf, consignas masculinas y diseños discretos. También tienen carteras, llaveros, maletas de lona y una gran selección de tenis Vans.

f *@LemurShopOficial*
◎ *@lemurshop*
🏠 *lemurshop.com.mx*

⑥ Balmori Building Shops
Orizaba #101
Hours vary · Los horarios varían

There are a handful of high-end shops at the basement level of the Balmori building selling jewelry, home furnishings, beauty products, and interior décor art.

En el sótano del Edificio Balmori se encuentran varios negocios de lujo que venden joyería, mobiliario, productos de belleza, y arte para decoración de interiores.

⑦ 180 Shop
Colima #180 / 5525 5626

MON LUN · **SAT** SÁB **10:00 AM-8:00 PM**
SUN DOM **10:00 AM-6:00 PM**

180 is an eclectic mix of women's and men's clothing, skateboards, bikes, kitschy

books, canvas bags, and hipster shoes.

180 ofrece una mezcla ecléctica de ropa para hombre y mujer, patinetas, bicicletas, libros *kitsch*, bolsas y zapatos hípsters.

f @shop180grados
📷 @180gradosmx
🏠 www.180grados.mx

8 La Roma Records

Álvaro Obregón #200 / 5264 2140

MON LUN · **SAT** SÁB **12:00 PM-8:00 PM**
SUN DOM **12:00 PM-4:00 PM**

With mostly new vinyl of bands from U2 to B.B. King and Belle and Sebastian, this small record store is a nice way to while away a few hours in the afternoon. Retro masterpieces are mixed into every bin. You can listen before you buy on in-store turntables.

Con una selección de discos de vinilo, en su mayoría nuevos, de bandas que van desde U2 hasta B.B. King y Belle and Sebastian, esta pequeña tienda de discos es un buen lugar para pasar unas horas en la tarde. Puedes escuchar cualquier disco antes de comprarlo en los tocadiscos de la tienda. Hay verdaderas joyas retro mezcladas en cada contenedor.

f @LaRomaRecords
📷 @laromarecords
🏠 www.laromarecords.com

9 Trouvé

Álvaro Obregón #186 / 5264 4884

MON LUN · **THU** JUE **11:00 AM-8:00 PM**
FRI VIE **10:00 AM-7:00 PM**
SAT SÁB **11:30 AM-3:30 PM**

This shop on La Roma's main drag offers vintage, one-of-a-kind pieces like mirrored lamps, Danish-style dressers, and 1950s slipper chairs. They specialize in restored modernist furniture.

Ubicada en la avenida principal de La Roma, esta tienda ofrece muebles únicos y retro como lámparas espejadas, cómodas danesas y sillas estilo *slipper* de 1950. Se especializan en piezas modernistas restauradas.

f @trouve.mx
📷 @trouvemex
🏠 www.trouve.mx

10 Industrias de Buena Voluntad (Goodwill)

Álvaro Obregón #178 / 5584 1226

MON LUN · **FRI** VIE **10:30 AM-4:00 PM**
SAT SÁB **10:30 AM-2:30 PM**

The goodwill is overflowing with clothes, furnishings, second hand art and used furniture, but you'll have to dig deep to get to the good stuff. Most days in front of their shop they have a lively sidewalk sale.

Esta tienda rebosa de ropa, artículos de decoración para el hogar, arte de segunda mano y muebles usados, pero

a blood bank, oncology, and plastic and reconstructive surgery. Plenty of on-site parking is available.

El Hospital Obregón es un centro de salud privado que cuenta con servicios de cardiología, obstetricia, terapia intensiva, un banco de sangre, oncología y cirugía reconstructiva. Además, tiene bastantes lugares de estacionamiento disponibles.

tendrás que buscar exhaustivamente para encontrar lo que vale la pena. Además, casi todos los días organizan una animada venta en la banqueta delantera del lugar.

Services

SERVICIOS

❶ Hospital Obregón

Álvaro Obregón #123 / 5511 4000

24 HOURS 24 HORAS

Hospital Obregón is a private healthcare facility with services that include cardiology, obstetrics, intensive therapy,

❷ Car Wash (Autolavado)

Insurgentes Sur #200

MON LUN · **SAT** SÁB **8:00 AM-8:00 PM**

A massive car wash on Insurgentes where you can almost always get your car washed with little to no waiting (except for Saturdays). For about 5 USD they will wash, dry and vacuum your vehicle.

Un enorme negocio de autolavado sobre Insurgentes en donde casi siempre puedes lavar tu coche sin esperar mucho (excepto los sábados). Por cerca de 90 pesos puedes lavar, secar y aspirar tu coche.

❸ Impact Hub

Álvaro Obregón #168 (corner with Tonalá · Esq. con Tonalá) / 6388 0811

MON LUN · **FRI** VIE **8:30 AM-8:00 PM**

SAT SÁB **8:30 AM-3:00 PM**

The Impact Hub is a cowork

space with various levels of membership including hot desks, designated tables for four, and private office spaces. Their space is comfortable (especially the reading nook) and they offer members (and the general public in some cases) opportunities to network, learn from other members, and improve their business skills through classes and talks.

El Impact Hub es un espacio de *coworking* con varios niveles de membresía que incluyen *hot desks*, mesas para cuatro personas y oficinas privadas. Su espacio es cómodo (en particular su estación de lectura) y ofrecen a sus miembros (y a veces al público general) oportunidades para conectar, aprender de otros miembros y mejorar sus habilidades de negocios a través de clases y charlas.

f @ImpactHubDF

@impacthub_df

mexicocity.impacthub.net

④ Public Parking (Estacionamiento público)
Álvaro Obregón #145
MON LUN · SUN DOM
24 HOURS 24 HORAS
On busy Álvaro Obregón, it's good to know where the public

parking lot is. The fee here is 25 cents for every 15 minutes. It's open 24 hours a day, 7 days a week.

Siempre es bueno saber dónde se encuentra el estacionamiento en la transitada Álvaro Obregón. Cobran 5 pesos por cada 15 minutos, y abren las 24 horas, los siete días de la semana.

⑤ Banamex
Tonalá no number (corner with Álvaro Obregón) · Tonalá s/n (esq. con Álvaro Obregón)
1226 2639 (Banamex main number Banamex teléfono central)
MON LUN · FRI VIE 9:00 AM-4:00 PM
This bank, Santander, and Banorte are all within a short distance of each other on Álvaro Obregón.

Banamex, Santander y Banorte son tres bancos ubicados a poca distancia el uno del otro sobre Álvaro Obregón.

www.banamex.com

⑥ Comex
Álvaro Obregón #174
5584 2850
MON LUN · FRI VIE 8:30 AM-6:00 PM
SAT SÁB 8:30 AM-3:00 PM
Moving into a new place in the area? It's important to know where the closest paint shop is. There are various Comex shops

throughout the *colonia*, but this is one of the most centrally located.

¿Te mudas a la colonia? Es importante ubicar dónde está la tienda de pintura más cercana. Hay muchos locales de Comex en la zona, pero éste tiene la ubicación más céntrica.

🏠 *www.comex.com.mx*

Culture
CULTURA

❶ Parroquia de la Sagrada Familia / Museo Padre Pro

Puebla #144 / 5511 9035, Ext. 21

MON LUN · SUN DOM 10:00 AM-1:00 PM / 4:00 P.M.-7:00 PM *(office hours · horario de oficina)*

MON LUN · FRI VIE 10:00 AM-1:00 PM *(museum · museo)*

The Sagrada Familia Church is a very important part of the neighborhood's history. It was home to Padre Miguel Pro, considered a martyr in La Cristiada, the counter-revolutionary movement against the Mexican government's re-appropriation of the Church's property in the mid-1920s. The construction of the church began in 1910, was suspended from 1913 to 1917 due to the Mexican Revolution, and was officially finished in 1925. It was the neighborhood's first Catholic church. Its religious imagery is framed with *art nouveau*-inspired leaf and flower motifs, which are also prominent in the design of its striking stained-glass windows, made by Italian company Talleri. Painter and priest Gonzalo Carrasco painted the murals on the inside walls of the church, and the gate that cordons off the tiny atrium on the right of the main passageway was built by Gabelich, a famous blacksmith in Mexico City at the turn of the century. It is one of the few surviving pieces of forged iron artistry from that era. Built by architect Manuel Gorozpe and engineer Miguel Rebolledo, the building is an example of the eclectic architecture of the early 1900s in Mexico, which incorporated lots of different styles of classic and modern building.

The Padre Pro Museum is an homage to this priest and counter-revolutionary. Inside is the story of his life, his crucifix, official robes, and even the bloodstained shirt he was wearing when he was executed

for his alleged involvement in General Álvaro Obregón's assassination attempt. La Iglesia de la Sagrada Familia es parte central de la historia de la colonia. Fue hogar del Padre Miguel Pro, considerado un mártir del movimiento contrarrevolucionario durante la reapropiación de los bienes de la iglesia por parte del gobierno mexicano a mediados de 1920, en un periodo conocido como La Cristiada. La construcción de la iglesia data de 1910, fue suspendida de 1913 a 1917 debido a la Revolución mexicana y fue terminada oficialmente en 1925. Fue la primera iglesia católica de la colonia. Su imaginería religiosa se conjuga con motivos florales y foliáceos de inspiración *art nouveau* que también figuran en el diseño de sus impresionantes vitrales, creados por la compañía italiana Talleri. El cura y pintor Gonzalo Carrasco pintó los murales interiores de la Sagrada Familia. El portón que separa el pequeño atrio a la derecha de la nave principal fue construido por Gabelich, un famoso herrero de la Ciudad de México en aquella época. Construido por el arquitecto Manuel Gorozpe y el ingeniero Miguel Rebolledo, el edificio es un ejemplo del eclecticismo en la arquitectura de principios del siglo xx, que incorporaba muchos estilos clásicos y modernos de construcción. El Museo Padre Pro se ubica a un costado de la iglesia y es un homenaje al cura y revolucionario. Adentro se encuentra la historia de su vida, su crucifijo, sus sotanas e incluso la camisa cubierta de sangre que vestía cuando fue ejecutado por supuestamente colaborar en el intento de asesinato del General Álvaro Obregón.

🏠 *padrepro.com.mx*

❷ Salón de la Plástica Mexicana
Colima #196
8647 5260

MON LUN · SAT SÁB 10:00 AM-6:00 PM
SUN DOM 10:00 AM-2:00 PM

This institute and gallery was founded in 1949 to promote contemporary Mexican art and has throughout its history supported hundreds of Mexican artists. A collective of over 400 renowned artists run the place, and its gallery space on Colima offers various exhibits throughout the year.

Este instituto de arte y galería fue fundado en 1949 con el fin de promover el arte contemporáneo mexicano y a lo largo de los años ha albergado la obra de cientos de artistas nacionales. En la actualidad, la institución está a cargo de un colectivo de 400 artistas reconocidos y su espacio de galería en Colima ofrece numerosas exposiciones a lo largo del año.

 @salondelaplasticamexicana

 www.salondelaplasticamexicana
 bellasartes.gob.mx

❸ Museo Universitario de Ciencias y Arte (MUCA)
Tonalá #51 / 5511 0925
TUE MAR · SUN DOM 10:00 AM-6:00 PM
The MUCA is affiliated with Mexico's National Autonomous University (UNAM) and serves as a platform for experimentation in the country's contemporary art scene. It's a tiny gallery tucked into a refurbished mansion on Tonalá and exhibits both professional and student work.

El MUCA está afiliado a la Universidad Nacional Autónoma de México (UNAM) y sirve como plataforma para la experimentación artística contemporánea del país. Es una pequeña galería dentro de una mansión renovada en la calle Tonalá y tiene muestras de artistas profesionales y estudiantes.

 @muca.roma
 @mucaroma
 www.mucaroma.unam.mx

❹ Centro Budista
Jalapa #94 / 5525 4023
hours depend on activities ·
horario sujeto a actividades
There are actually two Centro Budista locations, one in Coyoacán and one in La Roma. They offer retreats, meditation and yoga classes, as well as Buddhism courses. The space on Jalapa is a beautifully refurbished old colonial home with worn wooden floors and high ceilings.

Existen dos sedes del Centro Budista, una en Coyoacán y otra en La Roma. Ambas

ofrecen clases de yoga y meditación, retiros y cursos sobre budismo. El espacio en la calle de Jalapa es una hermosa casa colonial restaurada, con cálidos pisos de madera y techos altos.

f @Centro.Budista.Roma
@ @centro_budista
🏠 budismo.org.mx

⑤ Goethe-Institut
Tonalá #43 / 5207 0487

MON LUN · **SUN** DOM 8:00 AM-8:00 PM
Goethe Library · Biblioteca Goethe
TUE MAR · **FRI** VIE 9:00 AM-7:30 PM
SAT SÁB 11:00 AM-4:30 PM

If you need a break from the city chaos, step through Goethe-Institut's glass doors and spend some time in the immaculately organized German-language library. Here you can take a German class, see a documentary film, or enjoy a concert by Berlin's philharmonic orchestra.

Si necesitas tomar un respiro del caos citadino, entra por las puertas de vidrio del Instituto Goethe y pasa un rato entre los libros de alemán que se encuentran en la biblioteca, la cual destaca por su perfecta organización. Aquí podrás tomar una clase de alemán, ver un documental o disfrutar de un concierto interpretado por la orquesta filarmónica de Berlín.

f @goetheinstitut.mexiko
@ @goetheinstitut_mexiko
🏠 www.goethe.de/ins/mx/es/index.html

⑥ Casa Tibet México
Orizaba #93 / 5511 0802
hours depend on activities ·
horario sujeto a actividades

The Casa Tibet is the organizing force behind bringing the Dalai Lama to Mexico City for his many visits. The center not only houses visiting Buddhist speakers, but also provides public classes, retreats and meditation courses. They have a research library open to both students of the Casa Tibet and the public.

Casa Tibet es la institución encargada de organizar las visitas del Dalái Lama a la Ciudad de México. El centro no sólo aloja a numerosos conferencistas budistas, sino que también imparte clases, ofrece retiros y cursos de meditación. Además, posee una biblioteca de investigación abierta a estudiantes de Casa Tibet y al público en general.

f @Casatibetmexico
@ @casatibetmexico
🏠 www.casatibet.org.mx

Street Food

COMIDA CALLEJERA

❶ Mariscos Orizaba
Puebla near the southeast corner with Jalapa · Puebla cerca de la esquina sureste con Jalapa
A long-timer in the area, they have great *tostadas* and *pescadillas* (deep-fried *tortillas* stuffed with shredded fish).
Una tradición en la zona, tiene excelentes tostadas y pescadillas.

❷ Tacos a la plancha
Puebla northeast corner with Jalapa · Puebla esquina noreste con Jalapa
Packed all day, they run out of everything around 4:00 p.m. They have chops, *chorizo*, steak and other grilled meats with a fried potato topping for extra heartiness.
Con gente durante todo el día, la comida se acaba a eso de las 4:00 p.m. Ofrece chuleta, chorizo, bistec y otras carnes con guarnición de papas fritas para llenarte aún más.

❸ Birria
Colima corner with Orizaba · Colima Esq. con Orizaba
The spice is strong in this *birria* but I like it, plus the guy who runs the stand is a real cranky character.
La birria de este lugar está muy condimentada, pero a mí me gusta. Además, el señor que atiende el puesto es todo un personaje.

❹ Tacos de guisado
Tonalá corner with Insurgentes · Tonalá Esq. con Insurgentes
While I don't love everything they serve, they have these deep-fried *tortillas* stuffed with potatoes and melted cheese —put a little cream on top and throw on the salsa and you've got yourself a Mexican-style baked potato (sort of).
Aunque no me gusta todo lo que venden, tienen unas quesadillas fritas de papa y queso que,

con un poco de crema y salsa, pueden pasar por una papa rellena (más o menos), estilo mexicano.

⑤ Tortas

Álvaro Obregón in front of #145 · Álvaro Obregón enfrente del #145

The tiny *torta* stand on Álvaro Obregón in front of the parking garage is a daytime favorite but is also open late (until about 9:00 p.m.). I'm partial to the *milanesa.*

El pequeño puesto de tortas que se encuentra frente al estacionamiento en Álvaro Obregón es uno de los favoritos del día, aunque también se ponen de noche (hasta casi las 9:00 p.m.). A mí me gusta la de milanesa.

⑥ Tacos Puebla

Puebla close to the northeastern corner with Insurgentes · Puebla cerca de la esquina noreste con Insurgentes

Their tacos *al pastor* are a little sweeter than I like but the *suadero* (confit beef) is just perfect —with little crispy bits mixed into the softer pieces.

Sus tacos al pastor están un poco dulces para mi gusto, pero los de suadero son perfectos, con pedazos crujientes mezclados con otros más suaves.

Section · Sección 2

" R emedios used to go from her house to the market to Leonora Carrington's place on Chihuahua and [Hungarian photographer] Kati Horna's house around the block. She lived most of her years in La Roma within those blocks," says Ana Alexandra Gruen. We were talking about my favorite surrealist painter, Spaniard Remedios Varo, who lived at #78 Álvaro Obregon for much of her time in Mexico. Ana Alexandra is the widow of Walter Gruen, Varo's husband during the time she lived in La Roma. Varo and her tiny circle lived in the neighborhood during the 1950s and 1960s and Walter ran the famous Sala Margolín on Córdoba, one of the only places in the city where you could find jazz and classical music records, now the OMR gallery.

"Remedios solía ir de su casa al mercado, luego a la casa de Leonora Carrington en la calle de Chihuahua y a la casa de [la fotógrafa húngara] Kati Horna a la vuelta de la esquina. La mayor parte de sus años en La Roma transcurrieron entre esas cuadras", dice Ana Alexandra Gruen. Hablábamos de mi pintora surrealista favorita, Remedios Varo, quien vivió en Álvaro Obregón #78 durante mucho de su tiempo en México. Ana Alexandra es la viuda de Walter Gruen, quien fuera esposo de Varo cuando ella vivió en La Roma. Varo y su pequeño círculo vivieron en el vecindario entre 1950 y 1960, cuando Walter dirigía la famosa Sala Margolín en la calle de Córdoba, uno de los pocos lugares en la ciudad donde era posible encontrar discos de jazz y música clásica, ahora la galería OMR.

Remedios is one of the many famous characters to have walked these streets. The former offices of father and son engineers Cassius Clay and Lewis Lamm, two of the *colonia's* first residents and integral to its development, are now the arts and cultural center Casa Lamm. Poet Ramón López Velarde lived in the neighborhood's oldest *vecindad* (a group of apartments centered around a central patio) at Álvaro Obregón #73. His house, now La Casa del Poeta, is a public museum and library. Gabriel García Márquez, a newly arrived immigrant in 1950, lived at Mérida #81 in the Bonampak Hotel, today the Hotel MX.

Remedios fue una de las muchas personalidades en caminar sobre estas calles. Las antiguas oficinas de los ingenieros Cassius Clay (padre) y Lewis Lamm (hijo), dos de los primeros residentes de la colonia y parte fundamental de su desarrollo, son ahora sede del centro cultural y artístico Casa Lamm. El poeta Ramón López Velarde vivió en la vecindad más antigua de la colonia, en la calle Álvaro Obregón #73. Su hogar es ahora un museo público y biblioteca conocido como la Casa del Poeta. Gabriel García Márquez llegó a la colonia en 1950 y vivió en Mérida #81 en el Hotel Bonampak, hoy en día el Hotel MX.

This area of La Roma is known for its flower shops, and, according to local legend, Flores y Regalos Matsumoto at Colima #92 is the

oldest in the *colonia*. In fact, it is said that this store was the first of its kind to bring bonsai trees to Mexico. There are a few hidden treasures here, like the small alleyway of Flora Street, with its *art deco* houses and quiet beauty (keep an eye out for wooden birdhouses in the trees). Just across Cuauhtémoc Avenue, in the extension of Roma's Pushkin Park, there's a quirky little antiques fair on Saturdays, where you can find all kinds of treasures from a bygone era in Mexico City.

Esta parte de La Roma es conocida por sus florerías y, según cuenta la leyenda, Flores y Regalos Matsumoto, ubicada en Colima #92, es la más antigua de la colonia. De hecho, se dice que esta tienda fue la primera en traer árboles de bonsái a México. Existen algunos tesoros ocultos en esta zona, como el pequeño Pasaje Flora, con sus casas *art deco* y su apacible belleza (busca los nidos de madera en los árboles). El Parque Pushkin, a pesar de ubicarse a lo largo de la ruidosa avenida Cuauhtémoc, es sede de una extravagante feria de antigüedades todos los sábados, donde es posible encontrar todo tipo de tesoros para todo tipo de presupuesto.

This set of city blocks is also home to the Museo del Objeto del Objeto (MODO), one of the neighborhood's cultural superstars, and if you keep your eyes peeled on the corner of Orizaba and Colima, as well as Durango and Mérida, you can watch the ever-changing street art scene of the city unfold.

En estas cuadras también se encuentra el Museo del Objeto del Objeto (MODO), uno de los íconos culturales de la colonia y si observas con atención, podrás ver el cambiante escenario del arte callejero de la ciudad tanto en las esquinas de Orizaba y Colima, como en Durango y Mérida.

Section · Sección 2

SLEEPING · DORMIR
1. Four Points by Sheraton
2. Stanza Hotel
3. Hotel Milán

EATING & DRINKING ·
COMER Y BEBER
1. Rosetta
2. El Traspatio
3. Delisa
4. Pizza Franca
5. El Depósito
6. Abarrotes Delirio
7. Covadonga
8. La Buenavida
9. Patrick Miller
10. La Docena
11. Casa Franca
12. Churrería El Moro
13. Delirio Parque Pushkin

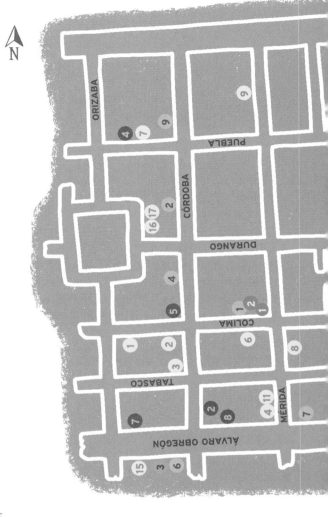

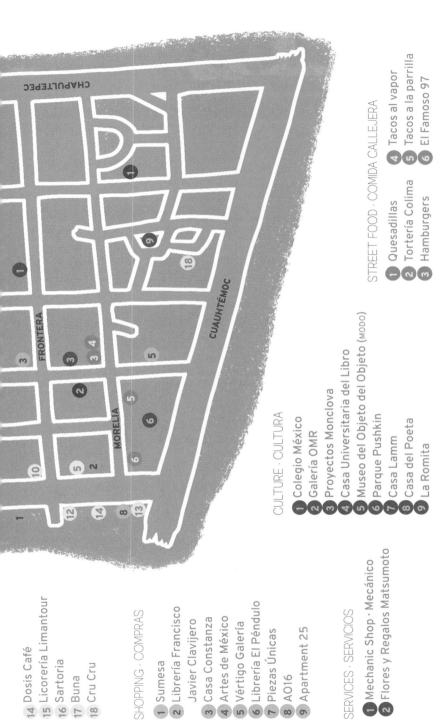

14 Dosis Café
15 Licorería Limantour
16 Sartoria
17 Buna
18 Cru Cru

SHOPPING · COMPRAS

1 Sumesa
2 Librería Francisco
   Javier Clavijero
3 Casa Constanza
4 Artes de México
5 Vértigo Galería
6 Librería El Péndulo
7 Piezas Únicas
8 AO16
9 Apartment 25

SERVICES · SERVICIOS

1 Mechanic Shop · Mecánico
2 Flores y Regalos Matsumoto

CULTURE · CULTURA

1 Colegio México
2 Galería OMR
3 Proyectos Monclova
4 Casa Universitaria del Libro
5 Museo del Objeto del Objeto (MODO)
6 Parque Pushkin
7 Casa Lamm
8 Casa del Poeta
9 La Romita

STREET FOOD · COMIDA CALLEJERA

1 Quesadillas
2 Torterías Colima
3 Hamburgers
4 Tacos al vapor
5 Tacos a la parrilla
6 El Famoso 97

Sleeping
DORMIR

① Four Points by Sheraton
Álvaro Obregón #38 / 1085 9500

By far the top business hotel in this area, Four Points by Sheraton has an expansive central atrium, free Wi-Fi throughout the entire hotel, and spacious rooms with amenities. Rooms run from 138 to 190 USD; ask for one with a view of the street.

Four Points by Sheraton es, por mucho, el mejor hotel de negocios en la zona. Posee un extenso patio interior, internet gratuito en todo el hotel y amplias habitaciones con muchas comodidades. El precio de las habitaciones varía entre 2,637 y 3,626 pesos. Pide un cuarto con vista a la calle.

 @Four Points by Sheraton Mexico City Col. Roma
 www.starwoodhotels.com/fourpoints/property/overview/index.html?propertyID=3738&language=es_ES

② Stanza Hotel
Álvaro Obregón #13 / 5208 0052

This hotel has spacious, stylish rooms with views of Álvaro Obregón or Pushkin Park (the park view is nicer). Rooms start from 91 USD (full-size beds) and go all the way up to a 115 USD suite with a king-size bed or two doubles. It has a sunny lobby where guests can sit, read the paper, drink coffee, or simply stare out the window.

Este hotel posee habitaciones amplias, decoradas con estilo, y ofrece vistas de Álvaro Obregón o el Parque Pushkin (la vista al parque es más bonita). Los precios de las habitaciones van desde 1,740 pesos (cama matrimonial) hasta 2,190 pesos (la suite con una cama *king-size* o dos dobles). El lobby, soleado y acogedor, permite a los huéspedes sentarse, leer el periódico, tomar café o simplemente mirar por la ventana.

 @StanzaHotel
 www.stanzahotel.com

③ Hotel Milán
Álvaro Obregón #94 / 5584 0222

This is the hotel that I always recommend to budget travelers. The rooms are large, comfortable, affordable and clean. It's not five-star, but the location puts you right in the middle of all the action on Álvaro Obregón, and it's an easy walk from everything in

La Roma (ask for a room with a street view). All rooms have flat-screen TVs, Wi-Fi and lockboxes. Rooms cost from 40 to 79 USD.

Por lo general recomiendo este hotel a viajeros con poco presupuesto. Las habitaciones son amplias, cómodas, accesibles y limpias. No es un lugar de cinco estrellas, pero tiene una ubicación privilegiada en el centro de la acción en Álvaro Obregón y queda a muy buena distancia a pie de todo en La Roma (pide un cuarto con vista a la calle). Todas las habitaciones tienen televisores de pantalla plana, internet inalámbrico y caja fuerte. Los precios oscilan entre los 760 y 1,500 pesos.

f @hotelmilandf
◎ @HotelMilanCDMX
⌂ www.hotelmilan.com.mx

Eating & Drinking
COMER Y BEBER

① Rosetta
Colima #166 / 5533 7804
Reservations available ·
Reservaciones disponibles

MON LUN · SAT SÁB 1:30 PM-1:00 AM

Set up in a vine-draped, colonial mansion on Colima, Rosetta is renowned for its high-quality Italian dishes. Don't miss the bone marrow appetizer or the seafood risotto. Make reservations a few days in advance since they are always booked.

Ubicado en una mansión colonial cuyos muros están cubiertos de vid, Rosetta es famoso por sus platillos italianos de excelente calidad. No te pierdas la entrada de tuétano o el risotto de mariscos. Te recomiendo reservar con anticipación, ya que suele estar lleno.

f @RestauranteRosetta
◎ @restauranterosetta
⌂ www.rosetta.com.mx/restaurante

② El Traspatio

Córdoba #81 (corner with Colima · Esq. con Colima) / 7678 3937

TUES MAR · WED MIÉ 1:00/ 1:30 PM-12:00 AM

THU JUE · SAT SÁB 1:00/1:30 PM-2:00 AM

SUN DOM 1:30 PM-10:00 PM

Traspatio is a tiny backyard hangout in Roma Norte where the cool kids chow down on *choripán* (an Argentine sausage sandwich) and drink their way through the *mezcal* and beer menu. They resist taking reservations and are always packed on the weekends so go early —or late— to get a seat.

Traspatio es un pequeño patio en la Roma Norte donde los jóvenes hípsters comen choripán y consumen una amplia variedad de cervezas y mezcales. No aceptan reservaciones y los fines de semana siempre están hasta el tope de gente, así que es mejor llegar temprano (o tarde) para conseguir mesa.

🅕 *@traspatiomx*
📷 *@traspatio*

③ Delisa

Tabasco #139 / 5511 5745

MON LUN · SAT SÁB 8:00 AM-9:00 PM

SUN DOM 12:00 PM-9:00 PM

A bakery that prides itself on its *faux-Rococo* interior decorating as much as its delicate, pink macaroons and sticky chocolate fondue muffins. They have a tidy little list of sandwiches they make on homemade baguettes and rustic loaves, as well as a variety of coffee drinks.

En esta panadería abunda el diseño rococó, los macarrones rosados y los muffins de fondue de chocolate. Poseen una ordenada y selecta lista de sándwiches preparados con baguettes hechos en casa y hogazas rústicas. También ofrecen diferentes tipos de café.

🅕 *@Delisapastel*
📷 *@delisa_pasteleria*

④ Pizza Franca

Merida 109 / 5207 4935

MON LUN · WED MIÉ 1:00 PM-12:00 AM

THURS JUE · SAT SAB 1:00 PM-2:00 AM

SUN DOM · 1:00 PM-11:00 PM

By far the neighborhood's best pizza, this Argentine-inspired pizzeria has a handful of outdoor tables, drippy candles, and some very nicely priced and delicious house wine.

Este lugar argentino ofrece la mejor pizza del barrio. Tiene mesas al aire libre con hermosas velas y deliciosos vinos de la casa a muy buen precio.

🅕 *@FrancaBistro*

5 El Depósito

Álvaro Obregón #21-1 / 5207 8152

**MON LUN · WED MIÉ 1:00 PM-12:00 AM
THU JUE · SAT SÁB 12:00 PM-2:00 AM
SUN DOM 1:00 PM-10:00 PM**

Even though in the past few years several better craft beer shops have popped up, El Depósito still has a hefty selection of Mexican and international brands, in bottles and on tap.

Aunque en los últimos años han surgido diferentes tiendas de cerveza artesanal, El Depósito posee una competitiva selección de marcas nacionales y extranjeras, tanto en botella como en barril.

 @depositoroma
 @depositoroma

6 Abarrotes Delirio

Colima #114 5264 1468

**MON LUN · SAT SÁB 8:00 AM-9:00 PM
SUN DOM 9:00 AM-7:00 PM**

This Delirio is located on a quieter and infinitely more pleasant street than the larger location (see page 36). There's a walk-up coffee bar for on-the-go orders, and delicious craft beers, Mediterranean salads, and fresh-baked bread inside. Most seating is outside.

Esta sucursal de Delirio se ubica en una calle mucho más tranquila que la de su casa matriz (ver página 36). Hay una barra de café en la que se puede pedir comida para llevar, deliciosas cervezas artesanales y ensaladas mediterráneas, y adentro hay pan recién horneado. Tienen una mesa interior con pocos asientos y las demás mesas se encuentran afuera.

 @AbarrotesDelirio
 @abarrotesdelirio
 abarrotes.delirio.mx/restaurante/

7 Covadonga

Puebla #121 / 5533 2922

**MON LUN · SAT SÁB
1:00 PM-2:30 AM**

This old-school cantina now boasts as many young *chilango* patrons as domino-playing grandfathers. Once La Roma's Centro Asturiano (a club for expats from Spain's Asturias region), this place is a cornerstone of the neighborhood and a must-visit for those looking for a taste of Mexico's past —and maybe a Spanish *tortilla*.

En esta cantina de la vieja guardia se mezclan los jóvenes chilangos con los abuelos que juegan al dominó.

Antiguamente era el Centro Asturiano de La Roma; ahora es uno de los lugares emblemáticos de la colonia y de visita obligada para quienes quieran una probadita del antiguo México y, por qué no, de una rica tortilla española.

f @Salon Covadonga
🏠 www.banquetescovadonga.com.mx

8 La Buenavida

Tabasco #101 (entrance on Mérida entrada en Mérida) / 5511 8293

MON LUN · **WED** MIÉ 10:00 AM-10:00 PM
THU JUE · **SAT** SÁB 10:00 AM-12:00 AM
SUN DOM 10:00 AM-6:00 PM

A hipster *fonda* (an inexpensive home-style restaurant), La Buenavida offers breakfast *burritos*, *chilaquiles* (*tortilla* chips drenched in salsa, cream and onions) and a long list of traditional Mexican sandwiches (*cemitas* and *tortas*) to suit any taste.

Una fonda hípster, La Buenavida ofrece burritos de desayuno, chilaquiles y una larga lista de tortas y cemitas mexicanas para todos los gustos.

f @labuenavida.fonda
📷 labuenavida_f

9 Patrick Miller

Mérida 17 / 5511 5406

FRI VIE 10:30 PM-3:00 AM

Looking for a Flashdance kind of evening? Patrick Miller is a once-in-a-lifetime experience. This warehouse club is a sweaty, dirty mishmash of dance circles where opponents fight to the death using only their moves —and possibly chemical enhancements. They might not be very good, but you won't be able to look away. And after staring for a while, you just might join in.

¿Buscas una velada estilo Flashdance? Patrick Miller es una experiencia única. Este antro (más parecido a una bodega) es una mezcla sudorosa y sucia de los famosos círculos de baile en la cual dos contrincantes luchan a muerte usando sus mejores movimientos, posiblemente con ayuda de algunos químicos. Si bien no son muy buenos, es imposible dejar de mirarlos y, después de observarlos un rato, es probable que quieras unírteles.

f @PatrickMillerMX
📷 patrick_miller_mexico

10 La Docena

Álvaro Obregón #31 / 5208 0833

MON LUN · **SAT** SÁB 1:30 PM-11:30 PM
SUN DOM 1:00 PM-10:30 PM

This seafood joint is already popular in its hometown, Guadalajara. The raw bar is unique in La Roma, and you can have your oysters about half a

dozen delicious ways (including smoky from the grill splattered with Tabasco sauce), but the oyster po' boy with homemade ketchup and tartar sauce was what truly won my heart.
Esta marisquería ya goza de mucha popularidad en Guadalajara, su ciudad de origen. El bar de ostras crudas es el único en su tipo en la colonia y las preparan de distintas y deliciosas maneras (como ahumadas en la parrilla y rociadas con salsa Tabasco), pero el *po' boy* de ostras con cátsup casera y salsa tártara definitivamente se lleva las palmas.

f *@La Docena Col. Roma*
📷 *ladocenaoysterbar*
🏠 *www.ladocena.com.mx*

⑪ Casa Franca
Mérida #109 / 5208 2265
TUE MAR · SAT SÁB 6:00 PM-2:00 AM
This former apartment tucked above Franca Pizza has been converted into an intimate and dingy-in-all-the-right-ways jazz and blues club. Live music, classic cocktails, craft beer, and many dark corners to sneak off to for a philosophy discussion or a make-out session.
Lo que solía ser un departamento arriba de Franca Pizza hoy es un rústico pero íntimo club de jazz y blues. Música en vivo, cerveza artesanal y muchos rincones oscuros disponibles para discutir sobre filosofía o perderse en una sesión de besos.

f *@Lacasamerida109*
📷 *@casa.franca*

⑫ Churrería El Moro
Frontera #122
MON LUN · THU JUE 8:00 AM-11:00 PM
FRI VIE · SAT SÁB 8:00 AM-1:00 AM
SUN DOM 9:00 AM-11:00 PM
One of Mexico City's favorite family hangouts now has two new locations, this one in Álvaro Obregón and one in neighboring Colonia Condesa. You will surely encounter their signature line out the door, but unlike the downtown original, this El Moro is bright, shiny, and sparkling clean.
Un sitio favorito entre las familias de la Ciudad de México, actualmente cuenta con dos nuevas sucursales: ésta, ubicada en la calle Álvaro Obregón, y otra más en la cercana Colonia Condesa. Seguramente encontrarás una larga fila saliendo de su puerta, pero a diferencia del local original del Centro Histórico, éste resplandece gracias a la blancura de sus muros y limpieza general.

f *@Churrería El Moro Colonia Roma*
📷 *@churreriaelmoro*
🏠 *www.elmoro.mx*

postres y productos para llevar como mermeladas, nueces saborizadas y quesos.

f @DelirioDF
◎ @deliriodf
🏠 www.delirio.mx

⑬ Delirio Parque Pushkin

Av. Cuauhtémoc #129 / 5087 2182

MON LUN · WED MIÉ 8:00 AM-10:00 PM
THU JUE · SAT SÁB 8:00 AM-12:00 AM
SUN DOM 9:00 AM-9:00 PM

Another outpost in the Delirio empire, the vibe is meant to be a continuation of the new location's previous life as the cantina La Auténtica, but it's really more like a high-end *tapas* and wine bar, with small plates and a good Mexican wine and *mezcal* selection. There are also pastries and other take-away items like jams, flavored nuts, and cheeses.

Perteneciente al "imperio" Delirio, su decoración busca serle fiel al estilo del ocupante anterior del local, la cantina La Auténtica; aunque en realidad luce más como un bar de tapas gourmet, con sus platos pequeños y una muy buena selección de vinos mexicanos y mezcales. También encontrarás

⑭ Dosis Café

Álvaro Obregón #24B / 6840 6941

MON LUN · FRI VIE 8:00 AM-10:00 PM
SAT SÁB 10:00 AM-10:00 PM
SUN DOM 11:00 AM – 9:00 PM

One of my favorite new coffeeshops in La Roma, one of Dosis' most delicious menu items is the hot chocolate —a ball of dark chocolate on a thick popsicle stick that slowly melts into your milk or water as you stir. They have artisan coffee, amazing pumpkin bread, and homemade loaves of bread for carry out.

Éste es uno de mis nuevos cafés favoritos en la Roma. Entre las delicias de su menú destaca el chocolate caliente, que consiste de una paleta de chocolate oscuro en bola que lentamente se derrite al mezclarla con leche o agua. También tienen café artesanal, un increíble pan de calabaza y pan casero para llevar.

f @dosiscafemx
◎ @dosiscafe
🏠 www.dosiscafe.com

⑮ Licorería Limantour

Álvaro Obregón #106 / 5264 4122

MON LUN · **TUE** MAR **6:00 PM-12:00 AM**
WED MIÉ **6:00 PM-1:00 PM**
THU JUE · **SAT** SÁB **6:00 PM-2:00 AM**
SUN DOM **6:00 PM-11:00 PM**

Limantour has been repeatedly awarded and recognized for its innovative cocktail craftsmanship. Try the *al pastor*, created in honor of Mexico City's famous taco, or any of the other long list of delicious concoctions made with in-house mixers and special artisan ice.

Limantour ha sido continuamente premiado por su innovadora mixología; prueba el coctel "al pastor", creado en honor al taco más famoso de la Ciudad de México, o cualquier otro trago de su larga lista de brebajes hechos con *mixers* caseros y hielo artesanal.

f *@limantourmx*
◎ *@limantourmx*
🏠 *www.limantour.tv*

⑯ Sartoria

Orizaba #42 / 7265 3616

MON LUN · **SAT** SÁB **9:00 AM-12:00 PM,**
1:30 PM-6:00 PM, 7:30 PM-11:00 PM

Sartoria opened up in 2016 to rave reviews, making handmade pasta and traditional Italian dishes their passion. There are a range of cheese plates and appetizers to start including gnocchi, salads and Parmesan cheese with aged balsamic vinegar. Spaghettis, tortellini, risotto and ravioli main plates feed the belly and the soul.

Sartoria abrió en 2016 y rápidamente recibió excelentes reseñas, en buena medida gracias a sus pastas hechas a mano y a sus platillos tradicionales italianos. Cuenta con una amplia oferta de platos de queso y entradas, incluyendo gnocchi, ensaladas y queso parmesano servido con vinagre balsámico añejado. Sus platos fuertes —como el espagueti, los tortellini, el risotto y los ravioles— alimentan cuerpo y alma.

f *@restaurantesartoria*
◎ *@sartoriamx*
🏠 *www.sartoria.mx*

⑰ Buna

Orizaba #42 / 7258 7360

MON LUN · **SUN** DOM **8:00 AM-7:00 PM**

Down-sized from their original space into a mini coffee bar that shares space with Sartoria, Buna's quality has never faltered. They roast their own beans, work closely with producers to help improve their crops, and offer great service at their new (tiny) locale.

A pesar de ser más pequeña que en su ubicación original y de haberse integrado a

Sartoria como una mini barra de café, la calidad de Buna no se ha reducido. Aún tuestan sus propios granos, trabajan mano a mano con los productores para mejorar su cosecha y ofrecen un buen servicio en su nuevo (y diminuto) establecimiento.

f *@buna42*
ⓘ *@bunamx*
⌂ *www.buna.mx*

18 Cru Cru
Callejón de Romita #8
by appointment · only sólo con reservación

Of all the things that La Roma can boast, a local brewery is now on the list. Cru Cru set up shop in the historic La Romita and offers tastings and tours by appointment. They are also planning to open up a brewpub in the same location so stay tuned.

A la lista de cosas que La Roma puede presumir se suma ahora una cervecería artesanal. Cru Cru abrió sus puertas en el histórico barrio de La Romita para ofrecer catas y visitas con previa reservación. También planean establecer un *brewpub* en el mismo lugar, así que mantente al tanto de cualquier novedad.

f *@Crucrumx*
ⓘ *@crucrumx*
⌂ *www.casacerveceracrucru.com*

Shopping
COMPRAS

1 Sumesa
Colima #115 / 5511 2276
MON LUN · SUN DOM 7:00 AM-10:00 PM

One of the four large supermarkets in the neighborhood, this Sumesa is pretty tight on space but you can be sure to find all your basics.

Uno de los cuatro grandes supermercados de la colonia, este Sumesa es bastante chico, pero puedes encontrar todo lo básico.

2 Librería Francisco Javier Clavijero
Córdoba #43 / 4040 4300, Ext. 415120
MON LUN · FRI VIE 9:00 AM-5:45 PM

This bookstore is run by the National Anthropology and History Institute (INAH) and sells a wide range of historical texts, photography books and textbooks on topics as specific as Chichimeca pre-colonial architecture or as general as the Mexican Revolution.

Esta librería pertenece al Instituto Nacional de Antropología e Historia (INAH) y vende una amplia variedad de textos históricos, libros de fotografía y de texto con temas tan específicos como la arquitectura chichimeca y tan generales como la Revolución mexicana.

③ Casa Constanza
Colima #75 / 044 55 3949 0232

TUE MAR · SAT SÁB 12:00 PM-9:00 PM
SUN DOM 12:00 PM-7:00 PM

Casa Constanza is a furniture and home décor shop with a shabby chic milieu —it's country, antique and romantic all rolled into one. There are antique picture frames, pastel birdcages, miniature plants, fabric-lined boxes, trinkets and jewelry. Casa Constanza es una tienda de muebles y decoración cuyo estilo integra influencias campiranas y del siglo XIX en un solo lugar. Encontrarás desde marcos antiguos para fotos, jaulas para pájaros color pastel, plantas miniatura, cajas forradas en tela hasta joyería y otras chucherías.

f *@CasaConstanzaRoma*
◎ *@casaconstanza*

④ Artes de México
Córdoba #69 / 5208 3205

MON LUN · FRI VIE 10:00 AM-7:00 PM
SAT SÁB 11:00 AM-3:00 PM

This shop is tucked away in the passageway of an *art nouveau* monster mansion. On sale are crafts and handmade art from all over Mexico including paper mache skeletons and Oaxacan pottery. Prices range from affordable to outrageous. It's a great place to pick up a few gifts for out-of-towners. Artes de México se encuentra al final del pasillo de una gran mansión estilo *art nouveau*. Venden artesanías y arte de todas partes de México, como esqueletos de papel maché y cerámica y vajilla oaxaqueña. Los precios van desde lo muy accesible hasta lo exageradamente caro. Es una muy buena opción si lo que buscas es un recuerdito que llevarle a quienes te esperan en casa.

f *@La Canasta. Tienda de Artes de México*
◎ *@editorialartesdemexico*
🏠 *www.artesdemexico.com*

⑤ Vértigo Galería
Colima #23 / 5207 3590

TUE MAR · FRI VIE 11:00 AM-7:00 PM
SAT SÁB 10:00 AM-5:00 PM

This gallery shows Mexican independent artists you won't find in mainstream venues —pieces that showcase design, illustration, low-brow art and surrealist pop. They also sell a handful of artsy gifts and books.

Esta galería exhibe obras de artistas mexicanos independientes que son difíciles de encontrar en recintos más tradicionales. Hay muestras de diseño, ilustración y arte pop surrealista. También venden libros y regalos inspirados en obras de arte.

f @vertigo.galeria @vertigogaleria
🏠 www.vertigogaleria.com

6 Librería El Péndulo
Álvaro Obregón #86 / 5574 7034
MON LUN · WED MIÉ 8:00 AM-11:00 PM
THU JUE · FRI VIE 8:00 AM-12:00 AM
SAT SÁB 9:00 AM-12:00 AM
SUN DOM 9:00 AM-11:00 PM
One of the neighborhood's biggest bookstores, El Péndulo has two floors of books, a moderate-sized English section and stacks of vinyl records. Their cafe has a literary-themed menu and the outdoor patio in front is great if you want to people-watch. The upstairs cafe is quiet enough for working or taking a break with a great book.

Una de las librerías más grandes de la colonia, esta sucursal de El Péndulo tiene dos pisos llenos de libros, una modesta selección de libros en inglés y pilas de discos de vinilo. El café de inspiración literaria y el patio delantero son excelentes para observar a la gente que pasa frente al lugar.

El café ubicado en el piso de arriba es tranquilo y permite trabajar o relajarte con un buen libro.

f @Cafebreria.el.Pendulo
 @cafebreriaelpendulo
🏠 www.pendulo.com

7 Piezas Únicas
Álvaro Obregón #53A 5276 5611
TUE MAR · SAT SÁB 11:00 AM-7:00 PM
This quirky antique shop has a bit of everything and focuses on home accessories from the 1940s, 1950s and 1960s. I fell in love with their selection of retro globes and plastic telephones, but they also sell restored furniture and do customized restoration of pieces from their warehouse.

Esta extravagante tienda de antigüedades tiene un poco de todo y se especializa en accesorios para el hogar de las décadas de 1940, 1950 y 1960; me enamoré de la colección retro de globos terráqueos y teléfonos de plástico. También venden muebles restaurados y hacen restauraciones personalizadas de algunas piezas de su bodega.

f @mobiliario.piezas.unicas
🏠 www.piezasunicas.com.mx

8 AO16
Álvaro Obregón #16 / 5264 8700
WED MIÉ · SUN DOM 12:00 PM-8:00 PM
A little wonderland of interior decorating, AO16 has a whimsical

mix of furniture and home accents. Think small horse statues, multicolor clay pot sets, turquoise pewter kitchenware and Mason jars of all shapes and sizes —everything relatively reasonable in price.

Un auténtico "país de las maravillas" del interiorismo, la pequeña tienda AO16 tiene una caprichosa mezcla de muebles y piezas para el hogar. Verás pequeñas estatuas de caballos, macetas de barro de varios colores, vajillas de peltre color turquesa y piezas Mason Jar de varios tamaños y formas, todo a un precio más o menos accesible.

f *@casa.AO16*
ⓘ *_ao16_*
🏠 *www.ao16.mx*

⑨ Apartment 25
Córdoba #25 / 7045 8923
MON LUN · FRI VIE 11:00 AM-8:00 PM
SAT SÁB 11:00 AM-6:00 PM
they take lunch from
3:00 · 4:00 PM DAILY
cierran para comer todos los días de
3:00 A 4:00 PM
When you're ready to spruce up your look with say, a terrycloth tie or a pale pink members only-style jacket, you should make a trip to this men's fashion boutique. Also check out their

rotating playlists online created for every season of the year. Si te sientes listo para renovar tu guardarropa con una corbata de toalla o una chamara estilo Members Only color rosa pálido, date una vuelta por esta *boutique* de moda para hombres. No dejes de echarle un vistazo a las *playlists* musicales de su página web, creadas exclusivamente para sonorizar cada estación del año.

f *@Apartment25*
ⓘ *@apt25mx*
🏠 *www.apt25.com.mx*

⑩ Armario Comunal
This pop-up clothing store is floating around the Roma selling totally affordable and cool used clothing. They showed up several times on Álvaro Obregón and once on Puebla but you can find info on their next sale on their Facebook page.

Esta tienda *pop-up* vende ropa usada muy *cool* a precios accesibles y cambia constantemente su ubicación dentro de la Colonia Roma; varias veces ha aparecido en Álvaro Obregón y una ocasión en la calle de Puebla. Puedes seguirle la pista en su página de Facebook.

f *@ArmarioComunal*
ⓘ *@armariocomunal*

Services
SERVICIOS

S ection 2 is popular for two services in particular: flower shops and automotive repair. The majority of the flower shops can be found on Colima and Frontera; ❶ the auto parts vendors and mechanics on Puebla from Frontera to Cuauhtémoc. There are so many to choose from that it would be hard to give just one or two suggestions. If you're into tradition, ❷ Flores y Regalos Matsumoto (Colima #92 / 5533 1580 / Mon to Fri 11:00 am-7:00 pm, Sat 9:00 am-1:00 pm), at over 100 years old, was the *colonia's* first flower shop. As legend has it, it was also the first to import bonsai trees into Mexico.

E sta zona es popular por dos servicios en particular: florerías y talleres automotrices. La mayor parte de las florerías se encuentran en Colima y Frontera, ❶ los talleres mecánicos y los vendedores de autopartes en la calle de Puebla, desde Frontera hasta Cuauhtémoc. Hay tantas florerías que es difícil elegir, sobre todo porque son parecidas entre sí. Si te interesa la tradición, ❷ Flores y Regalos Matsumoto (Colima #92 / 5533 1580 / Lun a Vie 11:00 am-7:00 pm, Sáb 9:00 am-1:00 pm) es una florería de más de cien años, la primera de la colonia. Se dice que fue la primera en importar árboles bonsái a México.

This area also has three banks with ATMS: Banorte (Álvaro Obregón #75 / Mon to Fri 9:00 am-5:00 pm), Santander (Álvaro Obregón #89 / Mon to Fri 9:00 am-4:00 pm) and Bancomer (Córdoba #60 / Mon to Fri 8:30 am-4:00 pm). The Banorte ATM always has a line and the machine is often out of cash. There is a small money exchange house at Álvaro Obregón between Mérida and Córdoba streets.

Esta sección también posee tres bancos con cajeros automáticos: Banorte (Álvaro Obregón #75 / Lun a Vie 9:00 am-5:00 pm), Santander (Álvaro Obregón #89 / Lun a Vie 9:00 am-4:00 pm) y Bancomer (Córdoba #60 / Lun a Vie 8:30 am- 4:00 pm). En el cajero automático de Banorte siempre hay cola y la máquina suele quedarse sin dinero. Hay una pequeña casa de cambio en Álvaro Obregón, entre Mérida y Córdoba.

Dra. Alejandra Briseño Garzón

5684 7355

Alejandra is a trained general veterinarian who only makes house calls. Her specialty is animal acupuncture. Always professional, she has a way with all species —humans included— and is an indispensable resource for all your veterinary needs.
Alejandra es una veterinaria que únicamente hace visitas a domicilio. Su especialidad es la acupuntura para animales. Es muy profesional, cálida y considerada con todas las especies —incluso la humana— y un recurso indispensable para las necesidades de tus mascotas.

Culture
CULTURA

❶ Colegio México

Mérida #50 / 5525 6481

Planet Gol (*www.planetgol.mx*) runs both men and women's soccer leagues out of Colegio México. If you want to sign up to play, take your team, or go on your own and find out what slots they have available during the week or on the weekends.
Planet Gol (*www.planetgol.mx*) maneja ligas de futbol para

hombres y mujeres desde el Colegio México. Si quieres jugar puedes inscribir a tu equipo, o si vienes solo puedes preguntar si hay espacio en otros equipos. Tienen horarios entre semana y en fines de semana.

❷ Galería OMR

Córdoba #100 / 5207 1080

TUE MAR · THU JUE 10:00 AM-2:30 PM, 3:30 PM-7:00 PM
FRI VIE 10:00 AM-4:00 PM
SAT SÁB 11:00 AM-4:00 PM

One of Mexico City's most important contemporary art galleries, OMR features both emerging and established artists in their space at Córdoba #100. The industrial-style former record store participates in the annual Zona Maco and Art Basel festivals around the world.
Una de las galerías de arte contemporáneo más importantes de la Ciudad de México, OMR exhibe obras de artistas emergentes y consolidados en su espacio de la calle Córdoba #100. El local, anteriormente una tienda de discos, tiene un estilo industrial. Esta galería ha participado en renombrados festivales anuales como Zona Maco y Art Basel.

f *@omr.gallery* ⭕ *@galeriaomr*
🏠 *www.galeriaomr.com*

❸ Proyectos Monclova

Colima #55 / 5525 9715

TUE MAR · **FRI** VIE **10:00 AM-6:00 PM**
SAT SÁB **11:00 AM-4:00 PM**

Another important contemporary art space in Mexico City, Proyectos Monclova isn't obvious, with little signage on Colima Street. Get yourself buzzed in and you can experience some cutting edge, albeit often incomprehensible, art installations.

Considerado también un referente del arte contemporáneo de la capital mexicana, Proyectos Monclova pasa desapercibido, pues no cuenta con señalización visible sobre la calle de Colima. Tienes que tocar el timbre y entrar para experimentar sus vanguardistas —aunque algunas veces indescifrables— instalaciones de arte.

f *@proyectosmonclova*
📷 *@_monclova*
🏠 *www.proyectosmonclova.com*

❹ Casa Universitaria del Libro

Orizaba #24 / 5511 4468

MON LUN · **FRI** VIE **10:00 AM-6:00 PM**

The former home of Dolores Luján and Joaquín Baranda MacGregor, members of the upper echelons of 20th century Mexican society, this neoclassical beauty passed through the hands of Centro Asturiano and the Brazilian embassy before its current incarnation as part of the UNAM university system. Its over 2,000 square meters display some beautiful architectural elements, particularly, stained glass windows that feature the Jesuit temple of Tepotzotlán and some *art deco*-inspired images of indigenous women.

La antigua casa de Dolores Luján y Joaquín Baranda MacGregor (miembros de la alta sociedad mexicana de principios del siglo xx) es un hermoso edificio neoclásico que también ha alojado al Centro Asturiano de México y a la embajada de Brasil. Hoy forma parte del patrimonio de la UNAM, y en sus más de 2,000 metros cuadrados presume bellos elementos arquitectónicos. Los vitrales con escenas del exconvento jesuita de Tepotzotlán, así como las representaciones *art deco* de mujeres indígenas, son de apreciación obligada.

f *@casul.unam*
📷 *@casul_unam*
🏠 *www.casul.unam.mx*

⑤ Museo del Objeto del Objeto (MODO)

Colima #145 / 5533 9637

TUE MAR · SUN DOM 10:00 AM-6:00 PM

Bruno Newman, a publicity guru and "collector of collections," founded this fantastic museum. It hosts visiting exhibits from around the world that focus on the meaning behind everyday objects. They also have a great giftshop.

Este fantástico museo fue fundado por Bruno Newman, un gurú publicitario y "coleccionista de colecciones". Alberga exhibiciones itinerantes de todo el mundo enfocadas en el significado que hay detrás de los objetos cotidianos. Su tienda de regalos también es excelente.

f *@museomodo*

📷 *@museomodo*

🏠 *www.elmodo.mx*

⑥ Parque Pushkin

Morelia between Álvaro Obregón and Colima · Morelia entre Álvaro Obregón y Colima

Revamped in 2016, Pushkin Park has lost its scruffy edge. The playground area has been expanded to about double its size, the fronton court has been replaced by a fenced-in soccer court, and the part of the park that sits on the corner of Álvaro Obregón and Cuauhtémoc Avenue is now a cemented plaza popular with skateboarders and lovers on benches. There is even a small, fenced-in dog park now. On Wednesdays you can still find the weekly *tianguis* set up there, but its takeover at the hands of the government means it's lost a little bit of its fun, rambling vibe and many of its vendors. You will hardly find anyone selling any kind of meat there, unless it's the taco and *quesadilla* stands, but there are still fruit and vegetable stands, and a few people selling prepared salsas and homemade cheeses.

Remodelado en 2016, el Parque Pushkin ha perdido su aspecto descuidado. El área de juegos para niños fue expandida al doble de su tamaño original, el frontón ahora es una cancha de futbol y en la esquina de Álvaro Obregón y avenida Cuauhtémoc hay una nueva explanada de cemento muy popular entre los patinadores y los que "echan novio" en las bancas. El lugar incluso cuenta con un pequeño parque enrejado para perros. Aún puedes encontrar el tianguis semanal todos los miércoles, pero como ahora es administrado por el gobierno, ha perdido un poco de su encanto, su ambiente caótico y a varios de sus vendedores originales. Ya no encontrarás mucha gente que venda algún tipo de carne, a menos que la pidas en los puestos de tacos y quesadillas. Sobreviven en cambio los puestos de vegetales y frutas, así como algunos locales que ofrecen salsas preparadas y quesos caseros.

❼ Casa Lamm

Álvaro Obregón #99 / 5514 4899

MON LUN · FRI VIE 10:00 AM-8:00 PM
SAT SÁB 10:00 AM-1:00 PM

Casa Lamm is an historical landmark in La Roma. Built to serve as the offices of engineer Lewis Lamm during the edification of the *colonia* in the early 1900s, Casa Lamm is now home to two art galleries, and the restaurant 99. The house serves as a cultural center, hosting social forums, academic courses, and workshops.

Casa Lamm es un punto de referencia histórico de La Roma. Construido para servir como oficina del ingeniero Lewis Lamm durante la edificación de la colonia a principios del siglo xx, Casa Lamm es ahora sede de dos galerías y el restaurante 99. La casa sirve como centro cultural, al organizar foros sociales,

cursos académicos y talleres.

🅕 *@CasaLamm*
🏠 *www.casalamm.com.mx*

❽ Casa del Poeta

Álvaro Obregón #73 / 5207 9336
museum & library · museo y biblioteca

TUE MAR · FRI VIE 10:00 AM-6:00 PM
workshops hours depend on activities talleres · horario sujeto a actividades

A guide will take you on a (very short) tour of poet Ramón López Velarde's four tiny rooms in what is believed to be the oldest *vecindad* (a group of apartments centered around a central patio) in the neighborhood. There is also a quiet workspace open to the public tucked between its Salvador Novo and Efraín Huerta libraries. Wi-Fi is available.

Para este museo necesitarás una visita guiada (muy breve), dado que no se puede pasear por el mismo libremente. El museo consiste de cuatro salas ubicadas en la que es considerada la primera vecindad de la colonia. Hay un espacio para trabajar entre las bibliotecas de Efraín Huerta y Salvador Novo. Cuentan con internet inalámbrico.

🅕 *@casadelpoetaiap*
🏠 *www.casadelpoeta.iap.org.mx*

La Romita

O n the northeast corner of the *colonia*, boxed in by the streets of Morelia, Álvaro Obregón, Chapultepec and Cuauhtémoc, are a few dozen blocks, a plaza and a church that once belonged to the town of La Romita, named for their tree-lined main street reminiscent of a street in Rome, Italy. The residents of La Romita were already living in this bucolic enclave, surrounded by the fields of the Hacienda de la Condesa de Miravalle, when Edward Orrin decided to seek permission from the city to build his new development, La Colonia Roma.

E n la esquina noreste de la colonia, entre las calles de Morelia, Álvaro Obregón, Chapultepec y Cuauhtémoc, se hallan unas cuantas cuadras, una plaza y una iglesia, que alguna vez formaron parte del pueblo de La Romita, bautizado así por su parecido con las calles arboladas de Roma, Italia. Los residentes de La Romita ya vivían en este enclave bucólico, rodeados por las planicies de la Hacienda de la Condesa de Miravalle, cuando Edward Orrin decidió solicitar un permiso a la ciudad para construir su nuevo emprendimiento, la Colonia Roma.

Originally La Romita was part of the small island town Aztacalco, near the center of Tenochtitlán (the seat of the Aztec empire in Mexico City). It is said that after the Spanish conquered Tenochtitlán and proceeded to rename and colonize it and the surrounding area, La Romita is where Father Pedro de Gante performed some of Mexico's first indigenous baptisms. Its plaza was the site of many hangings and its church, originally named Santa María de la Natividad Aztacalco, now San Francisco Javier, was where condemned criminals would come to pray for a good hanging. The original church was destroyed but its facade has survived.

Originalmente La Romita formaba parte del pequeño pueblo insular de Aztacalco, cerca del centro de Tenochtitlán (el corazón del imperio azteca en la Ciudad de México). Se dice que luego de que los españoles colonizaran Tenochtitlán y le dieran un nuevo nombre, fue aquí donde el Padre Pedro de Gante realizó los primeros bautizos de indígenas mexicanos. Su plaza fue centro de numerosos ahorcamientos y su iglesia, originalmente llamada Santa María de la Natividad Aztacalco, ahora San Francisco Javier, fue el sitio donde los criminales condenados a muerte iban a rezar por un ahorcamiento poco doloroso. La iglesia original fue destruida pero la fachada sobrevive.

It now sits alongside the Casa de Cultura Romita, a community center in this neighborhood within a neighborhood. Opened in 1994 in a building that was once a liquor store, it was awarded public funds for renovations a few years back and after years of neglect the center fixed its floors and installed proper lighting so they could expand their list of offerings to the community.

Ahora se ubica a un costado de la Casa de Cultura Romita, el centro comunitario de esta "colonia dentro de una colonia". Abierto en 1994 en un edificio que solía ser una licorería, la casa recientemente recibió fondos públicos para ser restaurada. Luego de muchos años de abandono, el centro arregló sus pisos y mejoró su iluminación para poder ofrecer más servicios a la comunidad.

The plaza, once the site of a weekly market with vendors from Xochimilco and other outlying areas of the city, is now a sun-dappled (and often trash-strewn) playground for local kids, and a rest stop for aging neighbors. The plaza also hosts a monthly feast day in honor of San Judas, with masses held all day and regular events organized by the Casa de Cultura. Their big festival day is December 3rd, in honor of San Javier. There is even a new microbrewery in the small alleyway off of the plaza.

La plaza, que alguna vez fuera sede de un mercado semanal de vendedores provenientes de Xochimilco y otras zonas aledañas a la ciudad, es ahora una plaza veteada de sol (y generalmente llena de basura) en la cual los chicos juegan y los más viejos hacen su parada obligada. También una vez al mes en la plaza se celebra a San Judas, con misas durante todo el día y eventos organizados por la Casa de Cultura. Su santo es el 3 de diciembre, en honor a

San Javier. Incluso han abierto una microcervecería en el pequeño callejón aledaño a la plaza.

This plaza and the streets that surround it were the filming location of Luis Buñuel's famous film *Los Olvidados* about a group of poor street kids in turn-of-the-century Mexico City. It's a befitting place for the film, since La Romita has long had the reputation (deserved or not) of being a *barrio bravo* —filled with brawlers, activists, and thieves. While today the area is no more dangerous than anywhere else in the big city, when the first wealthy residents arrived from the Centro to fill Orrin's wide avenues with houses, the residents of La Romita fought back by pressuring the local government to keep Orrin and his developers from acquiring the land around their town. These original residents saw themselves as different from the new arrivals and kept to themselves, reinforcing the stereotypes attached to them.

Esta plaza y las calles que la rodean fueron el escenario elegido para filmar la famosa película de Luis Buñuel, *Los olvidados*, que trata acerca de un grupo de jóvenes rufianes a comienzos del siglo pasado en la Ciudad de México. Es un lugar muy apropiado para el filme, dado que La Romita siempre ha tenido una reputación (merecida o no) de ser un barrio bravo, lleno de ladrones, activistas y matones. Hoy en día la zona no es más peligrosa que cualquier otro lugar en la gran ciudad. Cuando los primeros habitantes con cierto poder adquisitivo llegaron del centro de la ciudad a vivir en las amplias avenidas y casas de Orrin, los residentes de La Romita rechazaron esta invasión al presionar al gobierno para que Orrin y sus desarrolladores no pudieran adquirir tierras alrededor de su zona. Estos residentes se percibían a sí mismos como distintos de los recién llegados y no se mezclaban, lo que reforzaba los estereotipos existentes.

Eventually individual property owners sold the land tracts that were part of the town, and La Romita became a part of the growing *colonia*, but more affluent newcomers were warned to stay away from La Romita's streets, especially at night, lest they be robbed, beaten or kidnapped.

Con el tiempo los propietarios individuales vendieron las extensiones de tierra que pertenecían al pueblo y La Romita se convirtió en parte de la pujante colonia. A los recién llegados con mayor poder adquisitivo se les aconsejaba evitar las calles de La Romita, especialmente de noche, por temor a que fueran golpeados, secuestrados o que les robaran.

All that is hard to imagine when you sit on the church steps looking across the plaza on a quiet Sunday afternoon. With only about half a dozen small shops nestled within its zigzagging streets, La Romita's main plaza has a run-down docility about it and feels sleepily residential. The plaza and adjacent blocks were awarded *barrio originario* (original neighborhood) status in 2013, joining the over 150 *pueblos originarios* (original towns), *barrios originarios* and *comunidades indígenas* (indigenous communities) in Mexico City. The designation is given to areas or groups of peoples with pre-Hispanic roots within the city limits, and means that residents' approval is needed before the city government can implement projects or make large-scale changes to the neighborhood or its buildings.

Es difícil imaginar todo esto en una tranquila tarde de domingo, mientras contemplas la plaza, sentado en los escalones de la iglesia. Con sólo media docena de pequeñas tiendas distribuidas entre las zigzagueantes callecitas, la plaza central de La Romita tiene un aire de patio de juegos de otra época y parece estar en una eterna siesta. En 2014 se otorgó el galardón de barrio originario a la plaza y las calles adyacentes, con lo que se sumaron a los más de 140 pueblos y barrios originarios y comunidades indígenas de la Ciudad de México. Esta designación es otorgada a zonas o grupos de personas con raíces prehispánicas dentro de la ciudad, y esto implica que es necesaria la aprobación de los residentes antes de que el gobierno de la ciudad implemente proyectos o haga cambios de gran escala a la colonia o sus edificios.

Street Food
COMIDA CALLEJERA

① Quesadillas
Colima & Mérida

MON LUN · FRI VIE 10:00 AM-4:00 PM

Popular with the lunch crowd, this stand is full from about 10 in the morning to about 4 in the afternoon. The service is fast and the *quesadilla* fillings are delicious.

Popular a la hora de la comida, este puesto está lleno desde las 10 de la mañana hasta alrededor de las 4 de la tarde. El servicio es rápido y las opciones de relleno son exquisitas.

② Tortería Colima
Colima & Mérida

MON LUN · FRI VIE 8:00 AM-6:30 PM
SUN DOM 8:30 AM-5:00 PM

Not exactly "street food", this place is still fast food for lunch or breakfast. They have huge, belly-filling *tortas* and wonderful fresh-pressed juices.

Aunque no es exactamente un puesto de comida callejera, sí se trata de un buen sitio para disfrutar de un desayuno o comida exprés. Sus tortas son gigantescas y sus jugos frescos son simplemente maravillosos.

③ Hamburgers
Morelia & Colima

MON LUN · WED MIÉ 9:00 AM-1:00 PM
THU JUE · SAT SÁB 9:00 AM-2:00 AM
SUN DOM 9:00 AM-12:00 AM

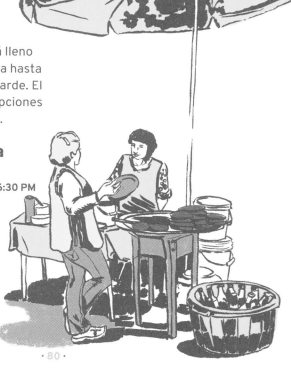

By far the most popular street food stand in the evenings in this part of the Roma, this hamburger joint always has a line and people come from all over the neighborhood to eat their burgers here. Este local de comida es, por mucho, el más popular de esta zona de la Roma durante la noche; siempre tiene una larga fila de gente que viene de varias partes de la colonia con una única misión: devorar sus hamburguesas.

❹ Tacos al vapor
Colima & Morelia

MON LUN · SUN DOM 2:00 PM-11:30 PM

Steamed to just the right consistency and kept warm under a blanket of plastic, the tacos *al vapor* around the corner from the hamburger stand should be added to your Section 2 taco crawl. No olvides incluir estos tacos al vapor en tu recorrido de puestos de la Sección 2. Cocinados al vapor hasta obtener la textura perfecta, y guardados bajo una cubierta de plástico para mantener el calor, estos tacos se ubican en la misma esquina de las hamburguesas.

❺ Tacos a la parilla
Morelia & Colima

WED MIÉ 10:00 AM-5:00 PM

This stand is part of the Wednesday afternoon *tianguis*, closest to the corner of Morelia and Colima. They have great grilled tacos and also offer *chilaquiles* with various grilled meat toppings. The French fries are fantastic. Este puesto forma parte del tianguis de los miércoles, y se ubica muy cerca de la esquina formada por las calles de Morelia y Colima. Preparan muy buenos tacos a la parrilla y también ofrecen chilaquiles con una buena variedad de carnes asadas para usar como cobertura. Sus papas a la francesa son fantásticas.

❻ El Famoso 97
Morelia & Álvaro Obregón

WED MIÉ 10:00 AM-5:00 PM

This *barbacoa* stand is also part of the *tianguis*, at the Álvaro Obregón end. They serve a very mild-flavored *barbacoa* and their special extra is a creamy guacamole (not spicy) on top. Este puesto de barbacoa también forma parte del tianguis y se distingue porque su carne es de un sabor más suave que el de otros comercios de barbacoa. Su especialidad es el guacamole cremoso (y no muy picoso) con el que la sirven.

Section · Sección 3

Growing up in this section at Guanajuato #183, José Emilio Pacheco lived the exhilaration and heartbreak that would inspire his 1981 book *Las batallas en el desierto* (*Battles in the Desert*). Pacheco is one of La Roma's most beloved sons, and the streets of his neighborhood were used for the filming of the adaptation of his book *Mariana, Mariana*, less than a decade later. Famous surrealist painter Leonora Carrington also lived on these blocks and was a common sight around Roma with her kids and her dog Guida.

Al haber crecido en Guanajuato #183, José Emilio Pacheco vivió la euforia y la angustia de las calles de la colonia, que inspirarían su libro de 1981, *Las batallas en el desierto*. Pacheco es uno de los hijos más queridos de La Roma y las calles de esta sección fueron escenario de la adaptación al cine de su libro, *Mariana, Mariana*. La famosa pintora surrealista Leonora Carrington también vivió en estas calles y era común verla por ahí cuando caminaba con sus niños y su perra Guida.

There are lots of great options for eating in this area, so many in fact, that it would be impossible to include them all. This second edition of the guide includes LOTS of newcomer restaurants in Section 3. Make sure to get a gourmet taco at Chetito, a cold-pressed juice at Zumería, and some awesome salmon toast at Casa Nuvola. Of course there's the always-satisfying Máximo Bistrot, the iconic Embajada Jarocha, and vegan tacos for the end of the day.

Hay muy buenas opciones para comer en esta sección, tantas, que es imposible incluir todas. Esta segunda edición de la guía incorpora MUCHOS restaurantes nuevos en la Sección 3. No puedes dejar de probar un taco gourmet en Chetito, un jugo prensado en frío en Zumería o una increíble tostada de salmón en Casa Nuvola. Por supuesto, si lo que buscas es satisfacción garantizada, el Máximo Bistrot es la opción, además de la icónica Embajada Jarocha y los tacos veganos para terminar el día.

The Sears on the corner of Insurgentes and San Luis Potosí (the Plaza Insurgentes) was one of the *colonia's* first department stores, and it initiated a shift in the area's zoning, making Insurgentes the commercial corridor it is today. Across the street, at San Luis Potosí #131, was the first campus of the Mexico City College, a junior college started in 1940 by Mexico City's expat community. The school would eventually become the Universidad de las Américas A.C. Its early staff consisted of U.S. expats escaping McCarthyism and Europeans fleeing the Spanish Civil War and later World War II. Engaging classes and left-leaning ideology made the school popular. In 1946 the Mexico City College was approved for study under the G.I. Bill, bringing in a new surge of students, including William S. Burroughs, who was studying Mayan languages there when he accidentally shot his wife Joan in La Roma's Bounty Bar in 1951.

La tienda Sears en la esquina de Insurgentes y San Luis Potosí (Plaza Insurgentes) fue una de las primeras tiendas departamentales de la colonia y marcó el inicio de un desplazamiento en el uso de suelo de la zona, lo que convirtió a Insurgentes en el corredor comercial que conocemos hoy en día. Frente a Sears, en San Luis Potosí #131, se ubicaron las primeras instalaciones del Mexico City College, una escuela secundaria inaugurada en 1940 por la comunidad de inmigrantes que vivía en la Ciudad de México. Más adelante la escuela se convirtió en la Universidad de las Américas A.C., pero sus primeros empleados y maestros eran expatriados estadounidenses que escapaban del macartismo y europeos que huían, primero, de la guerra civil española, y después, de la Segunda Guerra Mundial. La escuela ganó popularidad gracias a su oferta de clases entretenidas y tendencia ideológica de izquierda. En 1946, el Mexico City College fue aprobado como centro de estudios bajo la G.I. Bill. Esto atrajo a un nuevo número de estudiantes, entre los que figuraban William S. Burroughs, quien estudiaba maya cuando accidentalmente le disparó a su mujer Joan en el bar Bounty de La Roma en 1951.

Make sure to check out the Iglesia de Nuestra Señora de Fátima, the famous site of the murder and robbery of Father Juan Fullana. Stop in at the Taller Tlamaxcalli to buy some traditional Mexican *juguetes* (toys), definitely see some of the section's street art on Querétaro Street and along Orizaba, maybe even pass for a moment of silence in front of the fallen building on San Luis Potosí and Medellín that collapsed in the 2017 earthquake. Last but not least, say hi to Juan the parrot – he'll be sitting outside La Mony on San Luis Potosí.

Asegúrate de visitar la Iglesia de Nuestra Señora de Fátima, donde fue asesinado durante un robo el Padre Juan Fullana. Haz una parada en el Taller Tlamaxcalli para comprar juguetes tradicionales mexicanos, y definitivamente detente a ver el arte callejero de las calles de Querétaro y Orizaba. Quizá quieras guardar un minuto de silencio al pasar frente al edifico demolido en San Luis Potosí y Medellín, que colapsó en el temblor de 2017. Por último, si bien no menos importante, saluda al loro Juan, que siempre canta en su jaula colocada afuera de la comida corrida La Mony, en San Luis Potosí.

Section · Sección 3

SLEEPING · DORMIR

1. Le Louis Hotel Boutique

EATING & DRINKING · COMER Y BEBER

1. La Riviera del Sur
2. Tasting Room
3. La Cadencia Lonchería
4. Patisserie Dominique
5. Galanga Thai Kitchen
6. Farina Roma
7. Zumería
8. Casa Nuvola
9. Il Mangione
10. Las Costillas de San Luis
11. Mama Rumba
12. Pancracia
13. Kebab Bistro
14. Mercado Roma
15. Cachito Mío Quiches & Tartas

SERVICES · SERVICIOS

1. Flor y Barro
2. Sports World
3. Valle Impresos
4. La Casita de las Miniaturas
5. Casa Jacaranda

CULTURE · CULTURA

1. Iglesia de Nuestra Señora de Fátima
2. Centro de Meditación Kadampa México
3. Pasaje el Parián

STREET FOOD · COMIDA CALLEJERA

1. Quesadillas
2. Por Siempre Vegana
3. Tacos El Charro Ugalde
4. Night Tamales @ Sumesa

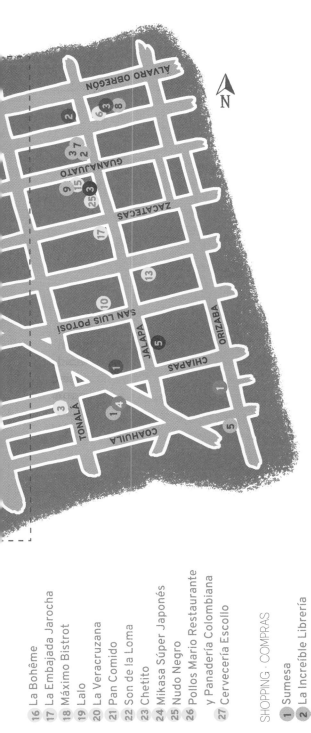

16 La Bohême
17 La Embajada Jarocha
18 Máximo Bistrot
19 Lalo
20 La Veracruzana
21 Pan Comido
22 Son de la Loma
23 Chetito
24 Mikasa Súper Japonés
25 Nudo Negro
26 Pollos Mario Restaurante
   y Panadería Colombiana
27 Cervecería Escollo

SHOPPING · COMPRAS

1 Sumesa
2 La Increíble Librería
3 Discos Mono
4 El Mundo Deportivo
5 Mercadillo
6 Las Joyas de Cleopatra
7 Retroactivo Records
8 Taller Tlamaxcalli
9 Tenderete

Sleeping
DORMIR

① Le Louis Hotel Boutique
Monterrey #204
044 55 4345 8823, 2124 5216

Mismatched antiques and colorful oversized artwork fill a centenarian printing house with just enough kitsch to make it interesting and just enough cozy to make it comfortable. You won't get a better location, just down the street from Mercado Roma and Mercado Medellín, and dripping with turn-of-the-century Roma ambiance.

Muebles dispares y obras de arte coloridas y gigantescas colman esta antigua imprenta convertida en hotel. Su combinación de piezas *kitsch* y la comodidad de sus instalaciones lo hacen interesante y acogedor. No hay mejor ubicación: está tan sólo a unos pasos del Mercado Roma y el Mercado Medellín, rodeado del ambiente clásico de fines de siglo de la Roma.

 @LE LOUIS
🏠 www.lelouis.mx

Eating & Drinking
COMER Y BEBER

① La Riviera del Sur
Chiapas #174 / 5264 1552
MON LUN · SUN DOM 9:00 AM-2:00 AM

Riviera del Sur is an upscale version of a classic cantina —down to the drink holders at the corners of the tables so as not to intrude upon your domino game. Try their gourmet tacos and one of the many signature cocktails at a sidewalk table.

La Riviera del Sur es la versión de lujo de una cantina clásica, y como muestra están los portavasos instalados en las esquinas de cada mesa para que las bebidas no interrumpan ningún juego de dominó. Prueba sus tacos gourmet y uno de los muchos cocteles de autor que ofrecen en alguna de sus mesas al aire libre.

f @cantinariviera
📷 @cantinalariviera

② Tasting Room
Chiapas #173 / 7159 8388

MON LUN · **WED** MIÉ 2:00 PM-12:00 AM
THU JUE · **SAT** SÁB 2:00 PM-2:00 AM

The Tasting Room is one of the premier places in La Roma to try Mexican craft beers on tap and is cool without being too pretentious. The rotation is always changing, but the staff is well versed and bilingual so they got you.

Tasting Room es uno de los mejores sitios en La Roma para tomar cerveza artesanal mexicana de barril; me encanta porque es un lugar *cool* sin ser pretencioso. Sus bebidas cambian constantemente, pero los empleados saben lo que hacen y son bilingües, así que

puedes confiar en que hallarán la cerveza correcta para ti.

f @TastingRoomMX
📷 @tastingroommx

③ La Cadencia Lonchería
Tonalá #183 / 5564 9032

MON LUN · **SUN** DOM 8:00 AM-6:00 PM

I like breakfast here more than lunch (especially the firey red *chilaquiles*) and admit to be a little obsessed with the bike rim light fixtures. Definitely arrive on two wheels; you'll be in good company.

De aquí me gusta más el desayuno que la comida, en particular los chilaquiles rojos bien picantes. He de confesar que estoy un poco obsesionada con sus lámparas, que están hechas con llantas de bicicleta. Si llegas en dos ruedas, vas a estar en buena compañía.

f @la.cadencia **📷** @la.cadencia
🏠 www.lacadencialoncheria.blogspot.com

④ Patisserie Dominique
Chiapas #155 / 5564 2010

WED MIÉ · **SAT** SÁB 8:30 AM-5:30 PM
SUN DOM 9:00 AM-2:00 PM

This place offers classic French pastries and bread, and a neighborhood salon ambiance particularly potent on Wednesdays when they host a small organic market. Also on sale? Jams, salsas, and healthy basics like soy milk.

Repostería francesa clásica y una atmósfera de vecindario (que es más evidente todos los miércoles, cuando acogen un pequeño mercado orgánico) es la oferta principal de este sitio. ¿Qué más vende? Mermeladas, salsas y alimentos básicos saludables como leche de soya.

f *@PatisserieDominique*

◎ *@patisseriedominique*

5 Galanga Thai Kitchen
Guanajuato #202 / 6550 4492

TUE MAR · SAT SÁB 1:00 PM-10:30 PM
SUN DOM 1:00 PM-6:00 PM

Run by a husband-wife / Mexican-Thai combo, this is one place that's pretty damn authentic. You will need a reservation as their limited space fills up fast. Definitely do the spring rolls, beef salad and Panang curry.

Dirigido por una pareja méxico-tailandesa, este lugar es totalmente auténtico. Necesitarás reservar con anticipación, pues el espacio es reducido y se llena rápido. Definitivamente prueba los rollos primavera, la ensalada de res y el curry Panang.

f *@GalangaThaiKitchen*

◎ *@galangathaikitchen*

⌂ *www.galangathaikitchen.com*

6 Farina Roma
Chihuahua #139 / 7589 0520

MON LUN · TUE MAR 1:30 PM-11:00 PM
WED MIÉ · SAT SÁB 1:30 PM-12:30 AM
SUN DOM 1:30 PM-8:00 PM

There are not many pizza places in the city I recommend (sweet sauces, too little cheese) but Farina is an exception, mainly because of that chewy-crunchy-bubbly crust of theirs. It makes for a delicious pie.

En la ciudad no hay muchos lugares de pizza que recomendaría (las salsas suelen ser demasiado dulces o llevar muy poco queso) pero Farina es la excepción, principalmente porque su masa es suave en el centro y crujiente en las orillas. Eso hace toda la diferencia.

f *@farina.mx*

◎ *@farina.mx*

⌂ *www.farinamx.com*

7 Zumería
Monterrey #170A / 6545 0288

MON LUN · FRI VIE 8:00 AM-7:00 PM
SAT SÁB 9:00 AM-3:00 PM
SUN DOM 10:00 AM-2:00 PM

Hardcore juice lovers do Zumería. There's active carbon for a system scrub, aloe vera for immunity, and wheatgrass for your daily mineral intake —the juice is pretty great too.

Los fanáticos del jugo deben visitar Zumería. Ofrecen

jugos de carbón activado para limpiar el cuerpo y de áloe vera para fortalecer el sistema inmune, así como pasto de trigo, recomendado para suplir tu consumo diario de minerales. Por cierto, el jugo también es genial.

f @LaZumeria

O @zumeria.roma

8 Casa Nuvola
Monterrey #194

TUE MAR · **FRI** VIE 8:30 AM-6:00 PM
SAT SÁB 10:00 AM-6:00 PM
SUN DOM 10:00 AM-5:30 PM

Recently opened, Casa Nuvola has some of my international food favs like poached eggs, a salmon plate with capers and red onion, and avocado toast. Plus they are a bakery and coffeeshop with a boatload of delicious pastries.

De apertura reciente, Casa Nuvola sirve algunos de mis platillos internacionales favoritos, como huevos pochados, una tabla de salmón con alcaparras y cebolla morada, y pan tostado con aguacate. Además, cuentan con un café y una panadería con deliciosos productos.

f @casanoaroma

O @casa.nuvola.roma

9 Il Mangione
Chihuahua #207 / 5264 5083

MON LUN · **THU** JUE 1:00 PM-11:00 PM
FRI VIE 12:00 PM-2:00 AM
SAT SÁB 2:00 PM-(LATE TARDE)

Run by an Italian named Francesco, this small bar offers Mediterranean *tapas* and cold beer at their wooden sidewalk tables. It has a neighborhood feel.

Este pequeño bar es propiedad de Francesco, un italiano que vive en México. Aquí se ofrecen tapas mediterráneas y cerveza fría que puedes disfrutar en mesas de madera al aire libre. Il Mangione tiene un sabor familiar.

f @ilmangioneroma

O @ilmangioneroma

10 Las Costillas de San Luis
San Luis Potosí #129 / 3996 8534

MON LUN · **SUN** DOM 10:00 AM-6:30 PM

This *comida corrida* joint has been serving up home-style steaks, ribs, and *huaraches* (large, flat *tortillas* layered with toppings) since 1965, and it's larger than it looks. If you wander into the back you'll find that the restaurant stretches on and on, and although I like the view of the street from the communal table downstairs, upstairs is much breezier and cooler.

Este restaurante de comida corrida ha servido bistecs caseros, costillas y huaraches desde 1965 y el local es mucho más amplio de lo que aparenta; camina hacia el fondo y verás que el restaurante continúa y continúa. Si bien me gusta la vista hacia la calle desde las mesas comunitarias, el piso de arriba es mucho más fresco.

f *@lascostillasdesanluis*

11 Mama Rumba

Querétaro #230 / 5564 6920

WED MIÉ · SAT SÁB 9:00 PM-3:00 AM
Mama Rumba is one of La Roma's heavily frequented salsa clubs. Its sassy instructors and live bands bring in a mixed crowd of locals and foreigners. Wednesday and Thursday nights starting at 9:00 pm, there are salsa classes followed by all-night dancing —and no cover for ladies.
Mama Rumba es uno de los clubes de salsa más frecuentados de La Roma. Sus atrevidos instructores de baile y la música en vivo convocan a un variado grupo de residentes y turistas. Los miércoles y jueves la acción comienza a las 9:00 pm; a esa hora hay clases de salsa seguidas de baile toda la noche y las mujeres no pagan entrada.

f *@mamarumba.rl*

12 Pancracia

Chihuahua #181 / 6284 1497

TUE MAR · SAT SÁB 9:00 AM-6:00 PM
SUN DOM 9:00 AM-3:00 PM
This artisanal bakery sells loaves of Parmesan and cranberry bread, rosemary focaccia and rustic baguettes from their skinny store on Chihuahua, just around the corner from Pan Comido. They also have a new spot on Guadalajara Street in Section 7.
Esta panadería artesanal vende hogazas de pan con queso parmesano y arándanos, focaccias hechas con romero y baguettes rústicas en su pequeña tienda de la calle de Chihuahua, justo a la vuelta de la esquina de Pan Comido. También tiene un nuevo lugarcito en la calle de Guadalajara en la Sección 7.

f *@pancraciapan* *@pancracia_*

13 Kebab Bistro

Querétaro #122 / 6731 9404

MON LUN · THU JUE 12:00 PM-12:00 AM
FRI VIE · SAT SÁB 1:00 PM-1:00 AM
SUN DOM 12:00 PM-6:00 PM
Owners Gaby and Juan Pablo opened up this place when they returned from a trip to Europe, where they fell in love with Arabic cuisine. The *kebabs* don't disappoint, and they also serve tasty late-night wings.

Los dueños, Gaby y Juan Pablo, abrieron este pequeño restaurante al regresar de un viaje a Europa, durante el cual se enamoraron de la comida árabe. Los *kebabs* no decepcionan y también tienen deliciosas alitas que venden como botana nocturna.

f *@kebabbistro*
○ *@kebabbistro*

14 Mercado Roma

Querétaro #225 / 5564 1396
PB & Mezzanine · PB y Mezzanine
SUN DOM · WED MIÉ 10:00 AM-7:00 PM
THU JUE · SAT SÁB 10:00 AM-10:00 PM
2nd Floor (Terrace & Cigar Bar) ·
Piso 2 (Terraza y Cigar Bar)
SUN DOM · WED MIÉ 1:00 PM-10:00 PM
THU JUE · SAT SÁB 1:00 PM-1:00 AM

This neighborhood hangout is an upscale rendition of a traditional Mexican indoor market. While it tends to be crowded on weekends and holidays (especially the third-floor bar), if you can get there on a weekday you should stop by El Moro for some chocolate and *churros*, Tapas San Juan for cheeses and cold meats, Café Emir for a coffee, and La Ahumadora for a post-shopping snack.

Este lugar en la colonia es una versión lujosa de un mercado tradicional mexicano. Suele estar lleno durante los fines de semana y días festivos (especialmente el bar), así que sugiero que te des una vuelta entre semana. Puedes hacer una parada en El Moro por churros y chocolate; en Las Tapas de San Juan por quesos y carnes frías; en Café Emir por un café y en La Ahumadora por una botana luego de hacer tus compras.

f *@mercadoromaMX*
○ *@mercadoroma*
⌂ *www.mercadoroma.com*

15 Cachito Mío Quiches & Tartas

Guanajuato #138 / 3623 5037
TUE MAR · FRI VIE 12:00 PM-9:30 PM
SAT SÁB 11:00 AM-9:00 PM
SUN DOM 11:00 AM-8:00 PM

Cachito Mío peddles sweet and savory quiches in a cozy ambiance with worn wooden floors and a view to the kitchen so you can watch the baker at work. On the weekend there's always a few Sunday brunchers dawdling over a fruit tart and a cup of coffee on the sidewalk outside their shop.

Cachito Mío vende quiches dulces y salados en un ambiente cálido con piso de duela y una vista hacia la cocina, donde está el panadero horneando. Los fines de semana, especialmente los domingos, los clientes asisten al *brunch*; podrás verlos tomar café y comer deliciosas tartas de frutas en las mesitas de afuera de la tienda.

f *@cachitomio.quichesytartas*
📷 *@cachitomioquichesytartas*
🏠 *www.cachito.mx*

16 La Bohême
Querétaro #219 / 6363 3248
MON TUE · FRI VIE 8:30 AM-8:00 PM
SAT SÁB · SUN DOM 9:00 AM-8:00 PM
The attention this French-style bakery and *repostería* has garnered is justified. They have a heavenly array of tarts, homemade *alfajores*, baguettes and more, right next to the Mercado Roma.

La atención que ha recibido esta panadería y repostería estilo francesa es más que merecida. Poseen una deliciosa variedad de tartas, alfajores caseros, baguettes y más. Se ubican justo al lado del Mercado Roma.

f *@panaderialaboheme*
📷 *@laboheme_panaderiaybistro*
🏠 *www.laboheme.com.mx*

17 La Embajada Jarocha
Zacatecas #138 / 5584 2570
SUN DOM · WED MIÉ 1:00 PM-7:00 PM
THU JUE · SAT SÁB 1:00 PM-1:30 AM
(live music Thu through Sun · música en vivo de jue a dom)
La Embajada Jarocha is a neighborhood institution. Its downstairs may look abandoned most afternoons, but in the evenings the upstairs dining room comes alive with a 40+ crowd dancing a mix of salsa, bachata and son to live bands that rotate through the night. Try the Veracruz seafood specialties and frozen margaritas.

Un clásico. Aunque el piso que da a la calle parece desolado, el salón comedor del primer piso cobra vida por la tarde con una multitud que baila una mezcla de salsa, bachata y son, al ritmo de bandas en vivo que se turnan durante la noche. La mayor parte de los asistentes son cuarentones y más. Prueba los mariscos veracruzanos y las margaritas.

📷 *@laembajadajarocha*

18 Máximo Bistrot
Tonalá #133 / 5264 4291
TUE MAR · SAT SÁB 1:00 PM-5:00 PM,
5:00 PM-7:00 PM
SUN DOM 1:00 PM-4:00 PM
Máximo has upped the

gastronomic ante in La Roma. Since it opened in 2012 it has become the place to eat and reservations are a must. The food is fabulous —decadent lemon cheesecake, perfectly roasted beet salad with yogurt and goat cheese, red snapper in green *pipián* sauce— and chef Eduardo García puts together inventive combinations of local and international ingredients. Máximo ha subido la apuesta culinaria en La Roma. Desde su apertura en 2012 se ha convertido en el lugar para comer por excelencia y la reservación es obligada. La comida es fabulosa (el *cheesecake* de limón, la ensalada de betabel rostizado con yogur y queso de cabra, huachinango en salsa de pipián verde) y el chef Eduardo García combina ingredientes locales e internacionales.

f @MaximoBistrot
@maximobistrot
www.maximobistrot.com.mx

19 Lalo
Zacatecas #173 / 5564 3388
TUE MAR · **SUN** DOM **8:00 AM-6:00 PM**
Chef Eduardo (Lalo) García of Máximo Bistrot is now trying his hand at breakfast, which can be a real hit-or-miss meal in Mexico City. Lalo's *croque madame* is fantastic, and its

potato patty topped with salmon and *crème fraiche* is another delicious option. El chef Lalo García de Máximo Bistrot ahora también experimenta con el desayuno, que es una comida impredecible en la Ciudad de México. Los *croque madame* de Lalo son fantásticos y su hamburguesa de papa cubierta de salmón y crema es otra deliciosa opción.

f @eatatlalo
@eatlalo

20 La Veracruzana
Chiapas #177 / 5574 0474
MON LUN · **SAT** SÁB **1:00 PM-7:30 PM**
SUN DOM **1:00 PM-7:00 PM**
With a seafood-centered menu, La Veracruzana's canvas-draped ceilings and whirling overhead fans give it a beachside feel. The oyster soup (Sopa León) is fantastic. Su menú de mariscos, los cielorrasos de los cuales se descuelgan cortinas y los ventiladores de techo dan a La Veracruzana un aire de playa. La sopa león, con almejas, es fantástica.

f @LaVeracruzanaMX
@laveracruzanamx
www.laveracruzana.mx

21 Pan Comido
Tonalá #91 / 4398 4366

MON LUN · WED MIÉ 9:00 AM-10:00 PM
THU JUE · SAT SÁB 9:00 AM-11:00 PM
SUN DOM 9:00 AM-9:00 PM

Pan Comido has some of the best coffee in the neighborhood and serves killer vegetarian and vegan breakfasts and lunches. The vegan/vegetarian bakery on one side of the restaurant has incredible cookies. Try the raspberry cream cheese, vegan chocolate, or peanut butter and cranberry.

Pan Comido tiene uno de los mejores cafés de la colonia y sirve increíbles desayunos y comidas veganas y vegetarianas. Prueba también las galletas que ofrecen en la panadería vegana/vegetariana que está a un costado del restaurante. En especial recomiendo las galletas de queso crema y frambuesa, chocolate vegano o mantequilla de cacahuate y arándano.

f *@elpancomido*
◎ *@elpancomido*

22 Son de la Loma
Querétaro #222 / 5264 1350

TUE MAR · THU JUE 2:00 PM-10:00 PM
FRI VIE · SAT SÁB 1:00 PM-3:00 AM

The Cubans bring their island wherever they go. Find it here, complete with plastic tables and aging signs. The *lechón* (roasted suckling pig) is delicious, as are the stuffed plantains, but come armed with patience: The service is slow. The dining room transforms into a packed dance floor Friday and Saturday nights.

Los cubanos siempre viajan con su isla a cuestas. En Son de la Loma la encontrarás, con todo y las mesas de plástico, así como los carteles y cuadros envejecidos por el tiempo. El lechón y los tostones rellenos son deliciosos, pero hay que tener mucha paciencia: el servicio es lento. El comedor se transforma en un salón de baile que se llena viernes y sábados por la noche.

◎ *@son_de_la_loma*

23 Chetito
Guanajuato #239 / 6798 1360

TUE MAR · SAT SÁB 1:30 PM-11:30 PM/ 12:00 AM
SUN DOM 1:30 PM-6:00 PM

Chetito is an Argentine-Mexican fusion restaurant that actually works. Of their delicious gourmet tacos some of my favorites are: beef with caramelized onions and either goat or blue cheese, and mushrooms with *quesillo* cheese mixed with Mexican pepper leaf. There are also sweet and savory *empanadas* and Argentine *chorizo* sandwiches.

La fusión mexicanoargentina de Chetito realmente funciona. De sus deliciosos tacos gourmet mis favoritos son el de carne con cebolla caramelizada y queso de cabra o azul y el de champiñones con quesillo y hoja santa. También hay empanadas dulces y saladas, además de choripanes.

f *@chetitomx* © *@chetitomx*

24 Mikasa Súper Japonés

San Luis Potosí #173 / 5584 3430

**MON LUN · SAT SÁB 10:00 AM-7:00 PM
SUN DOM 10:00 AM-6:00 PM**

On Saturdays and Sundays the market's outdoor buffet-style lunch tent is buzzing with customers gobbling up the fried sticky rice balls, *tempura* veggies, and hard-boiled quail eggs wrapped in bacon (on a stick). The market sells prepared foods, homemade *miso*, *tofu*, seaweed, and all the Asian noodle varieties you could want —as well as pure Vermont maple syrup, if you get a hankering for pancakes.

Los sábados y domingos, en la carpa ubicada en el patio exterior del mercado hay un bufet que incluye *onigiris*, champiñones portobello o huevos de codorniz envueltos en tocino (en un palito de madera). También encontrarás comidas preparadas, *miso* casero, *tofu*, algas de mar y gran variedad de pasta asiática. Además venden jarabe de maple estilo Vermont, en caso de que alguien traiga antojo y quiera hacer *hot cakes*.

f *@Mikasa*

🏠 *www.grupomikasa.com.mx*

25 Nudo Negro

Zacatecas #139 / 5564 5281

**TUE MAR · SAT SÁB 1:00 PM-12:00 AM
SUN DOM 1:00 PM-6:00 PM**

Nudo Negro is the brainchild of young Mexican chef Daniel Ovadía. The menu is replete with Asian-Mexican fusion, like oysters on the half-shell with a smoky *sambal* sauce, fried bits of *suadero* (a type of flank steak), a dab of *wasabi* and a dollop of bone marrow, or duck dumplings with kaffir lime, hazelnut oil and string beans.

Nudo Negro es el hijo predilecto del joven chef mexicano Daniel Ovadía. El menú está lleno de interesantes platillos, como ostras en su concha con una salsa ahumada estilo *sambal*, pedacitos de suadero frito con un poquito de *wasabi* y tuétano, o pato con lima kaffir, aceite de avellanas y ejotes.

f *@RestauranteNudoNegro*

© *@nudonegro_do*

🏠 *www.bullandtank.com/nudo-negro*

26 Pollos Mario Restaurante y Panadería Colombiana

Medellín #197 / 4171 9346

MON LUN · **SUN** DOM 9:00 AM-6:30 PM

Their sage-flavored *chorizo* is a welcome variation to the Mexican version, and the *buñuelos* (slightly sweet fried dough balls) are worth the grease. The weekend specials are *sancocho de pescado* (a hearty fish stew) and *lechona* (roast pig with peas, onions, yellow rice and spices).

Su chorizo con sabor a salvia es una agradable variante de la versión mexicana y los buñuelos, a pesar de la grasa que contienen, son deliciosos y valen la pena. Los especiales de fin de semana son sancocho de pescado y lechona.

27 Cervecería Escollo

Querétaro #182 / 5264 4863

SUN DOM · **MON** LUN 1:30 PM-6:00 PM
TUE MAR · **WED** MIÉ 1:30 PM-11:00 PM
THU JUE 1:30 PM-12:00 AM
FRI VIE · **SAT** SÁB 1:30 PM-2:00 AM

This bar and restaurant offers eight varieties of their well-crafted Escollo brand beer: various IPAs, a porter, blonde, and stout. The staff is well versed in both Mexican beer and *mezcal*, of which they have 120 varieties.

Este bar y restaurante ofrece ocho variedades de su excelente cerveza artesanal marca Escollo, que pueden ser IPA, *porter*, rubia o *stout*. Los empleados están muy familiarizados con los diferentes tipos de cervezas mexicanas y mezcales, de los cuales tienen unas 120 variedades.

f *@cervezaescollo*
🏠 *www.escollo.mx*

Shopping
COMPRAS

1 Sumesa

Yucatán #133
5574 1262

MON LUN · **SUN** DOM
7:00 AM-10:00 PM

This grocery store is conveniently located at the intersection of several areas of La Roma and has all the basics you need for dinner, including a limited selection of wine, beer and liquor.

Este supermercado tiene una ubicación conveniente, pues se encuentra en la intersección de varias zonas de La Roma y vende todos los productos básicos para preparar una cena, además de una selección limitada de vinos, cerveza y licores.

② La Increíble Librería
Jalapa #129 / 5564 8943

MON LUN · **FRI** VIE **10:00 AM-8:00 PM**
SAT SÁB **11:00 AM-7:00 PM**
SUN DOM **11:00 AM-6:00 PM**

It's always an adventure going into this bookstore, what kind of hipster-cross-stitch-plastic-battleship-old-camera knickknack am I going to find? Oh, then there are the books —a vast selection of everything from artsy coffee table tomes to tiny quote books.

Entrar a esta librería es siempre una aventura: ¿qué manualidad en punto de cruz, barquito de juguete, cámara antigua o artefacto hípster habré de encontrar esta vez? Y qué decir de su vasta selección de libros, que va desde elegantes ediciones para mesa de café hasta libritos de frases célebres.

f *@Laincrelibre*
◎ *@laincreiblelibreria*

③ Discos Mono
Jalapa #129B / 6724 0261

TUE MAR · **SAT** SÁB **12:00 PM-8:00 PM**
SUN DOM **12:00 PM-6:00 PM**

With a slightly different attitude towards vinyls, at Discos Mono you are likely to only recognize about 25% of what's on display at any given time. The selection focuses on independent labels, new, unknown artists, and styles outside of the mainstream.

En Discos Mono probablemente reconocerás sólo el 25 por ciento de lo que está exhibido y a la venta. Su actitud frente a los vinilos es un poco diferente, pues su selección se enfoca en sellos independientes, nuevos artistas desconocidos y estilos poco convencionales.

f *@discosmono* **◎** *@discosmono*

④ El Mundo Deportivo
Yucatán #93B (entrance on San Luis Potosí · entrada por San Luis Potosí) / 5584 3753

MON LUN · **FRI** VIE **11:00 AM-7:00 PM**
SAT SÁB **11:00 AM-3:00 PM**

Instead of being overcharged at a big box sports store, why not buy from Mundo Deportivo and support a local business? They sell uniforms (that they will silkscreen numbers on for you), cycling gear, yoga mats, footballs and even portable goal nets.

En lugar de pagar de más en una tienda deportiva gigante, ¿por qué no comprar en Mundo Deportivo y apoyar un negocio local? Venden uniformes (a los cuales se les puede bordar un número, si quieres), equipo de ciclismo, tapetes de yoga, balones e incluso porterías de futbol portátiles.

f *@Elmundodeportivo.com.mx*
🏠 *www.elmundodeportivo.com.mx*

⑤ Mercadillo

Orizaba #219-2 (entrance on Coahuila · entrada por Coahuila)

5554 0321

MON LUN · FRI VIE 10:00 AM-7:00 PM
SAT SÁB 11:00 AM-7:00 PM
SUN DOM 12:00 PM-5:00 PM

A collection of independent Mexican designers and artisans. You will find Mezcalaveras, IlustraMexico, La Chicatana, MF Diseños, Mijoart and more at the Mercadillo. There is also a massive selection of Spanish *alpargata* shoes starting in the tiniest of sizes.

Entre su catálogo de diseñadores y artesanos mexicanos independientes encontrarás las marcas Mezcalaveras, IlustraMexico, La Chicatana, MF Diseños, Mijoart y más. También cuentan con una gran selección de alpargatas españolas para pies adultos o pequeñitos.

f *@mercadillomx*
⊙ *@mercadillomx*
⌂ *mercadillo.negocio.site*

⑥ Las Joyas de Cleopatra

Chiapas #200B / 5514 9162

MON LUN · FRI VIE 10:00 AM-8:00 PM
SAT SÁB 12:00 PM-8:00 PM

This kitschy store is filled with Indian *saris*, Egyptian slippers, Middle Eastern jewelry, incense, and tapestries. You'll recognize it by the giant camel out front.

Esta tienda de estilo *kitsch* está llena de *saris* hindúes, pantuflas egipcias, joyas del Oriente Medio, incienso y tapetes. La reconocerás por el camello gigante que custodia la entrada.

f *@Las-Joyas-de-Cleopatra*

⑦ Retroactivo Records

Jalapa #125 / 7158 5701

MON LUN · SAT SÁB 11:00 AM-8:00 PM
SUN DOM 11:00 AM-4:00 PM

A buyer and seller of vinyl, Retroactivo has the largest selection of used records in the neighborhood at a range of prices. They also have a few new vinyls on the shelves.

Retroactivo es un espacio para la compra y venta de vinilos. Tienen la mayor selección de discos usados de la colonia y una amplia gama de precios. También tienen vinilos nuevos en las estanterías.

f *@Retroactivo-Records*
⊙ *@retroactivo_records_oficial*
⌂ *www.retroactivorecords.com.mx*

⑧ Taller Tlamaxcalli

Chihuahua #129 / 5584 5613

MON LUN · SAT SÁB 11:00 AM-7:00 PM

One of the only surviving toy workshops in the city, according to its owner, master toymaker Álvaro Santillán, Taller

Tlamaxcalli is a treasure trove of classic toys from all over Central and South America, reimagined with Mexican flair.

En palabras de su dueño, el maestro juguetero Álvaro Santillán, Taller Tlamaxcalli es uno de los pocos talleres de juguetes que sobreviven en la ciudad. Esta tienda es un cofre de tesoros de juguetes clásicos de Centroamérica y Sudamérica, reinventados con un toque mexicano.

f @TallerDeJuguetesTradicionales
⊙ @taller.tlamaxcalli
🏠 www.tallertlamaxcalli.wordpress.com

⑨ Tenderete

Guanajuato #144 / 5160 1711

MON LUN · SAT SÁB 11:00 AM-9:00 PM
SUN DOM 11:00 AM-7:00 PM

Tenderete is one of the best places in the neighborhood to buy Mexican-designed goods. It has chunky metal jewelry, silkscreen t-shirts and onesies, ceramics, hand-embroidered bags, old-fashioned tin dining sets and about a million other great items.

Tenderete es uno de los mejores lugares en el vecindario para comprar artículos de diseño mexicano. Aquí encontrarás grandes joyas de metal, ropa decorada con serigrafía para adultos y bebés, cerámica, bolsas bordadas a mano, platos de peltre y muchas otras cosas padres.

f @mitenderete
⊙ @tenderete_tienda

Services
SERVICIOS

① Flor y Barro

Manzanillo #28 / 5574 3606

MON LUN · SAT SÁB 10:00 AM-7:00 PM
SUN DOM 10:00 AM-6:00 PM

Located among several of Manzanillo's popular shops (between Coahuila and Chiapas), Flor y Barro sells succulents and houseplants, and offers an in-home plant maintenance service as well as horticulture classes.

Ubicado entre varias de las tiendas más populares de Manzanillo (entre Coahuila y Chiapas), Flor y Barro vende plantas de interior y suculentas, y ofrece servicio a domicilio para mantenimiento de plantas, además de clases de horticultura.

f @FloryBarro
⊙ @florybarro
🏠 www.florybarro.com

❷ Sports World

Monterrey #133 (entrance on Guanajuato · entrada por Guanajuato) / 5584 2497

MON LUN · **THU** JUE **6:00 AM-11:00 PM**
FRI VIE **6:00 AM-9:00 PM**
SAT SÁB · **SUN** DOM **7:00 AM-5:00 PM**

This is one of the neighborhood's nicest gyms, with dozens of treadmills, stationary bikes and all kinds of weight equipment. The registration cost is around 419 USD (a one-time fee) and the monthly membership fee is around 105 USD for access to the machines, classes, and sauna. There is a slightly cheaper monthly fee for those who just want to use the gym between 9:00 a.m. and 6:00 p.m.

Éste es uno de los gimnasios más completos de la zona, con docenas de caminadoras, bicicletas fijas y todo tipo de equipo de pesas. El costo de inscripción es cercano a los 8,000 pesos, la membresía mensual es de alrededor de 2,000 pesos, y permite el acceso a los aparatos, las clases y el sauna. Hay una tarifa mensual más barata para quienes utilicen el gimnasio entre las 9:00 am y las 6:00 pm.

🏠 *www.sportsworld.com.mx*

❸ Valle Impresos
Jalapa #145B
5574 5744, 5574 8655

MON LUN · **FRI** VIE **6:30 AM-8:00 PM**
SAT SÁB **8:00 AM-4:00 PM**

Some of the nicest service around and a solid internet, copying and printing choice in this part of the Roma.

Gracias a su amable y eficiente servicio, son una gran elección para navegar en internet, sacar fotocopias e imprimir en esta zona de la Roma.

❹ La Casita de las Miniaturas
Manzanillo #30F / 5574 7808

MON LUN · **SAT** SÁB **8:00 AM-7:00 PM**

La Casita sells elaborately decorated cakes at 8 usd per 2.2 pounds. You can request a montage of your favorite soccer team, a Barbie dream house, or a simple "Happy Birthday, María." Give two days' notice.

La Casita vende pasteles sumamente decorados a unos 150 pesos el kilo. Puedes solicitar distintos diseños como un pastel con muñequitos de tu equipo de futbol favorito, una casita de Barbie o simplemente un: "Feliz cumple, María". Haz tu pedido con al menos dos días de anticipación.

❺ Casa Jacaranda
Jalapa #208A
5584 7483

Opened by Jorge Fitz and Alberto Estúa, Casa Jacaranda offers traditional Mexican cooking classes using recipes the boys swear they stole from their grandmothers. It's an all-day affair, with a walk through the Mercado Medellín in the morning, a stop at a local corn mill/*tortillería*, and about three hours of cooking at Fitz and Estúa's home.

Abierta por Jorge Fitz y Alberto Estúa, Casa Jacaranda ofrece clases de cocina tradicional mexicana con recetas que los chicos juran y perjuran que robaron de sus abuelas. Toma un día completo, con un paseo por el mercado Medellín en la mañana, una parada en la tortillería local y aproximadamente tres horas de clase en la casa.

📘 *@casajacarandamx*
📷 *@casajacarandamx*
🏠 *www.casajacaranda.mx*

Culture
CULTURA

➊ Iglesia de Nuestra Señora de Fátima
Chiapas #105 / 5574 3854
MON LUN · FRI VIE 12:00 PM-6:00 PM
(rosary · rosario) 6:00 PM
(Sunday masses · misas dominicales)
8:00 AM, 10:00 AM, 12:00 PM, 1:00 PM,
6:00 PM, 7:00 PM, AND 8:00 PM
Theatine priests built this church in 1950. That same year, Father Juan Fullana was famously murdered by ex-bullfighter and *luchador* José Valentín Vázquez Manrique, known as "Pancho Valentino." He and three accomplices were looking for millions of pesos they thought were hidden inside the church.

Esta iglesia fue construida en 1950 por curas teatinos. Ése fue el mismo año en que el Padre Juan Fullana fue asesinado por el extorero y luchador José Valentín Vázquez Manrique, conocido como "Pancho Valentino". Él y sus tres cómplices buscaban un botín de millones de pesos que creían estaba escondido en la iglesia.

f *@IglesiadeFatima*
🏠 *www.fatima.teatinos.mx*

➋ Centro de Meditación Kadampa México
Jalapa #113 / 5264 3147
TUE MAR · SUN DOM 9:30 AM-8:30 PM
The center offers Buddhism classes with meditation on every day of the week, in addition to guided meditation on Saturday and at 2:00 pm on Monday. Its quiet and secluded second floor is home to the World Peace Cafe and Shop and the Librería Tharpa, a publishing house dedicated to the books of Buddhist teacher Geshe Kelsang Gyatso.

El centro ofrece clases de budismo con meditación toda la semana, además de meditación guiada los sábados y a las 2:00 pm los lunes. El segundo piso, un sitio tranquilo y apartado del bullicio de la planta baja, es hogar del café de la paz mundial y la tienda y librería Tharpa, una editorial dedicada a publicar libros del maestro budista Gueshe Kelsang Gyatso.

🏠 *www.kadampamexico.org*

➌ Pasaje el Parián
Between Álvaro Obregón and Chihuahua · Entre Álvaro Obregón y Chihuahua
MON LUN · SAT SÁB 11:00 AM-8:00 PM
SUN DOM 12:00 PM-6:00 PM/7:00 PM
Neighbors will tell you lots of

stories about the Parián —when it was a produce market, a *vecindad*, had a pre-Hispanic restaurant (back before pre-Hispanic food became all the rage) and when the upstairs rooms were covered in Chinese murals. Perhaps it's most famously known for being the location of the Café de Nadie (literally Nobody's Cafe), a coffeeshop where artists, activists and writers of the stridentist movement came together to create, discuss and plot their cultural revolution in the early 1920s.

Los vecinos te contarán muchas historias sobre el Parián: de cuando era un mercado, una vecindad, un restaurante prehispánico (antes de que estuviera de moda) y cuando el piso de arriba estaba cubierto de murales chinos. Pero en realidad se hizo famoso por ser la sede del Café de Nadie, una cafetería donde a principios de la década de 1920 se reunían artistas, activistas y escritores del movimiento estridentista para crear arte, discutir y planear su revolución cultural.

Street Food
COMIDA CALLEJERA

❶ Quesadillas
Orizaba between Coahuila & Chiapas Orizaba · entre Coahuila y Chiapas

MON LUN · SUN DOM 1:00 PM-1:00 AM *(later on Fri and Sat · más tarde en vie y sáb)*

This *quesadilla* stand is packed from opening until the wee hours of the morning. The *quesadillas* are greasy, but good. Beer is also served, a rarity for a street stand.

Este puesto de quesadillas sólo abre de noche y siempre

está lleno: desde que abren hasta altas horas de la madrugada. Las quesadillas tienen mucho aceite, pero son buenas. También ofrecen cerveza, algo atípico para un puesto callejero.

② Por Siempre Vegana

Corner of Manzanillo & Chiapas ·
Esq. de Manzanillo y Chiapas

MON LUN · **SAT** SÁB **1:00 PM-12:00 AM**
This vegan taco stand is a late-night hotspot. They serve up wheat *al pastor* (marinated in dried *chiles*, spices and pineapple) and soy *chorizo*, along with vegan tiramisu, black beans, jalapeño-pineapple salsa, and a daily *agua* (a light fruit juice) in flavors like banana-melon and strawberry-mint.
Esta taquería vegana se ha convertido en uno de los lugares más populares en este sector de la colonia. Ofrecen un sustituto de carne hecho con trigo al pastor (marinado en chiles secos, especias y piña), chorizo de soya, tiramisú vegano, frijoles negros, salsa de jalapeño y piña, y agua del día con sabores como plátano y melón o menta y fresa.

③ Tacos El Charro Ugalde

Corner of Insurgentes &
Medellín, Insurgentes side ·
Esq. de Insurgentes y Medellín,
lado Insurgentes
5160 1632

MON LUN · **SAT** SÁB **12:00 PM-8:00 PM**
Decked out in cowboy hats and denim aprons, the guys at El Charro Ugalde are grilling up a variety of Sinaloa-style meats to a soundtrack of *norteña* music. They offer tender *arrachera*, finely chopped bistec and a thin *chistorra* sausage for tacos, as well as Argentine *chorizo* and t-bone steaks. Don't miss their homemade potato chips or the grilled *tomatillo* sauce.
Vestidos con sombreros de vaquero y delantales de mezclilla, con música norteña de fondo, los chicos de Tacos El Charro Ugalde son especialistas en carnes estilo Sinaloa. Tienen arrachera tierna, bistec picado y chistorra delgadita para servir en taco, además de chorizo argentino y cortes como *T-bone*. No te pierdas sus papas caseras o la salsa de tomate verde asado.

🏠 *taqueria-el-charro-ugalde.*
negocio.site

④ Night Tamales @ Sumesa

Corner of Yucatán & Chiapas, in front of grocery store · Esq. de Yucatán y Chiapas, enfrente del súper

MON LUN · **SAT** SÁB **6:00 PM-**

They've got all the classics plus usually at least two kinds of atole (a hot drink made from a base of corn dough). You can get them served up simply or in a small *torta* sandwich.

Regularmente tiene todos los clásicos y al menos un par de sabores de atole. Puedes pedir tu tamal solito o en una torta.

Real Estate
Bienes Raíces

BUYING · COMPRAR

If you are buying a house in Mexico, get a good notary. Notaries in Mexico are highly skilled lawyers, and they will walk you through the process of obtaining and paying for a permit from the Ministry of Foreign Affairs (if you are a foreigner), choosing a house to buy, and paying any taxes or fees. Your notary must be practicing in Mexico City (or the state where you want to buy), since local laws govern real estate in Mexico. Find a list of highly recommended notaries on the next page.

Foreigners need to be permanent residents to buy homes and get loans (which can be difficult even for locals). Interest rates have gone down in recent years, but are still relatively high. Finding property is a matter of both luck and persistence. Homeowners in Mexico seem to prefer *trato directo* (sale by owner) to paying a real estate agent or agency. Once you settle in a neighborhood, keep an eye out for "for sale" signs and get to know your neighbors. You can also check out the newspaper *El Universal's* ample real estate section in their Sunday edition, pick up a Tecnocasa listing book (a real estate listing service for both apartments and houses), and/or search on www.segundamano.mx.

Si vas a comprar una casa en México, consigue un buen notario. Los notarios públicos en México son abogados sumamente preparados que te encaminarán en el proceso de adquirir y pagar un permiso de la Secretaría de Relaciones Exteriores (si eres extranjero), de seleccionar una casa para comprar y pagar tasas e impuestos. Tu notario debe tener licencia para practicar en la Ciudad de México (o en el estado en donde quieras adquirir una propiedad), dado que los bienes inmuebles en México están gobernados por leyes locales. En la siguiente página encontrarás una lista de notarios altamente recomendados.

Los extranjeros deben ser residentes permanentes para poder adquirir inmuebles y obtener préstamos (algo que también puede ser difícil para los locales). Las tasas de interés han disminuido en los últimos años, sin embargo aún son relativamente altas. Encontrar una propiedad depende tanto de la suerte como de la persistencia. Los propietarios mexicanos suelen preferir el trato directo y evitar pagar a una inmobiliaria o un agente. Una vez que te hayas asentado en una colonia, busca carteles de venta y pregúntale a tus vecinos. El periódico *El Universal* publica una sección inmobiliaria todos los domingos, y puedes ver propiedades en oferta en uno de los folletos de Tecnocasa (una agencia inmobiliaria para renta y venta de departamentos y casas) o consultar www.segundamano.mx.

RENTING · RENTAR

Renting a house or apartment in Mexico City can be a hassle, unless you find someone who is willing to forgo the normal requirements or who rents specifically to out-of-towners. Many landlords require, along with a security deposit and first month's rent, copies of your identification, pay stubs proving how long you've had your current job, bank account statements, and a guarantor (known as a *fiador* or *aval*). Your guarantor must own a piece of property within Mexico City that is fully paid for (no mortgages). Most landlords also want a minimum one-year contract. You can sometimes get around these requirements. Some landlords will waive requirements for foreigners or those willing to pay six months of rent up front. If you don't know anyone who owns property in Mexico City, you have the option of purchasing a *fiador*. This common practice is a little shady, and particularly looked down upon by landlords, but it's not illegal. You can check out www.fiadores.com.mx, with offices in neighboring Colonia Condesa. The cost is usually equivalent to one month's rent.

Why all the red tape? One, simply because that's the way it's always been done. Two, Mexican law makes it very difficult to evict you for non-payment, and *fiadores* make it easier for landlords to recoup their money if you decide to stop paying. You can always wander your preferred neighborhood and look for signs, but more often than not apartments will be listed on *www.segundamano.mx*, *www.craigslist.com*, or at a realtor's office.

Short-term Stays

For medium-term stays in the city Airbnb is probably your best bet, although there are short-term apartment/hotels like Capri Suites and Capital St. if you are looking for extra hotel-like amenities.

Rentar una casa o departamento en la Ciudad de México puede ser una tarea titánica, a menos que encuentres un propietario a quien los requisitos formales no le preocupen tanto o que rente específicamente a extranjeros. La gran mayoría de los propietarios solicitan, además del depósito de seguridad y el primer mes de renta, copias de tu identificación, recibos de sueldo para comprobar durante cuánto tiempo has tenido tu empleo actual, estado de cuenta bancaria y un fiador o aval. Tu fiador o aval debe ser propietario en la Ciudad de México y su casa no puede estar hipotecada. Además, por lo general la vigencia mínima de un contrato de renta es de un año, aunque a veces se pueden sortear algunos de estos requisitos.

Algunos propietarios eliminarán ciertos requisitos para aquellos extranjeros que estén dispuestos a pagar seis meses de renta por adelantado. Si no conoces a nadie que tenga una propiedad en la Ciudad de México, una opción es comprar un aval. Esta práctica, si bien común, es un poco turbia y es particularmente mal vista por los propietarios, pero no es ilegal. Puedes ir a la página *www.fiadores.com.mx*, cuyas oficinas están en la vecina Colina Condesa. El costo usualmente equivale a un mes de renta.

Pero, ¿por qué tanto trámite? Bueno, para empezar, porque ésta es la manera en que tradicionalmente se ha hecho y también por-

NOTARIES:

Notario 21, Joaquín Cáceres,
Av. Prado Sur #240
5ᵗʰ Floor, Lomas de
Chapultepec – 5202 2834
Notario 106, Mario Rea Fiel,
Guanajuato #191, Roma
5564 0614
Notario 1, Roberto Núñez
y Bandera, Pedregal 24,
Molino del Rey – 5202 8833

NOTARIOS:

Notario 21, Joaquín Cáceres,
Av. Prado Sur #240
piso 5, Lomas de Chapultepec
5202 2834
Notario 106, Mario Rea Fiel,
Guanajuato #191, Roma
5564 0614
Notario 1, Roberto Núñez
y Bandera, Pedregal 24,
Molino del Rey – 5202 8833

que, según la ley mexicana, es muy difícil desalojar al inquilino que no paga y el tener fiadores simplifica el proceso de recuperar el dinero si el inquilino incumple sus obligaciones. Puedes buscar carteles de renta en el vecindario, pero lo más probable es que encuentres un listado en *www.segundamano.mx*, *www.craigslist.com* o en la oficina inmobiliaria.

Alojamiento temporal

Para alojarte temporalmente en la ciudad, Airbnb quizá sea la mejor opción, aunque también hay hoteles-departamentos como Capri Suites y Capital St. si buscas las comodidades de la hostelería tradicional.

Section · Sección 4

This is one of the quieter, more residential areas of La Roma. It's a great place to roam on an afternoon around 5:00 or 6:00 pm, watching old men walk fluffy little dogs and medical students laughing over a beer at La Morenita Bar. Taco stands pop up in the evening to serve as a communal living room and outside of Tacos Nena, the dessert lady will chew the fat with you long into the night.

Ésta es una de las zonas más tranquilas y residenciales de La Roma. Al caminar por sus calles —entre las 5:00 y las 6:00 pm– verás a los viejecitos pasear a sus perros o a los estudiantes de medicina reír y platicar entre cervezas en el bar La More-nita. Por las tardes, los puestos de tacos congregan a gente de todo tipo, y afuera de Tacos Nena la señora de los postres estará dispuesta a chismear contigo hasta bien entrada la noche.

The Templo de Catemaco, the home of three clairvoyant sisters, sits in a crumbling colonial building on Querétaro and on Fridays Mérida comes alive with an outdoor *tianguis* that runs from Gua-najuato to Álvaro Obregón —there are dozens of food stands, along with vendors selling used and new clothing and kitchen knick-knacks. The San Luis Potosí dance hall is a lively salsa bar on the weekends with bottle service and an all-night band. This section is home to one of the neighborhood's most enchanting public spaces, the Plaza Luis Cabrera. Its towering fountain is surrounded by a buffer of trees. Children, dogs and love-struck couples stroll along its oval sidewalk. Several restaurants grace its perimeters (Cabrera 7, Non Solo, El Ocho, and Porco Rosso), and the collection of small bars described in the following pages is just a few blocks away.

El Templo de Catemaco, hogar de tres hermanas videntes, se asienta en un edificio colonial en ruinas sobre la calle de Queré-taro y los días viernes, Mérida revive con un tianguis callejero que va de Guanajuato a Álvaro Obregón; hay docenas de puestos de comida además de otros que venden ropa nueva y usada y uten-silios de cocina. El salón de baile de San Luis Potosí es un bar de salsa sumamente concurrido durante los fines de semana. Tiene servicio de descorche y grupos que tocan toda la noche. Esta sección tiene uno de los espacios públicos más encantadores de La Roma, la Plaza Luis Cabrera, con su fuente central rodeada de árboles. Todos los días, niños, perros y parejas de novios caminan alrededor de su banqueta ovalada. Hay varios restaurantes en las cuadras que lo enmarcan (Cabrera 7, Non Solo, El Ocho, Porco Rosso) y algunos bares pequeños (que se describen más abajo) están ubicados a pocas cuadras.

Like most of the Roma, this section has some eye-popping street murals, in particular the Conejo y Zorro (Rabbit and Fox) by Italian street artist Ericailcane inconspicuously overlooking a parking lot on Mérida, and the colorful portraits on the corner of Chiapas and Cuauhtémoc Avenue. Keep an eye out in this section for local celebrity La Chata the pig, her and her dad live over on Mérida too. The dance beats of evening Zumba classes can be heard in the evenings above Los Chamorros restaurant and about half a dozen pharmacies are up all night if you need them.

Como en muchas partes de La Roma, esta sección de la colonia destaca por sus vibrantes murales callejeros, en particular el titulado "Conejo y Zorro", obra del italiano Ericailcane, cuyos personajes "miran" discretamente hacia un estacionamiento en Mérida. Otros ejemplos notables de arte callejero son los retratos coloridos ubicados en la esquina de Chiapas y Cuauhtémoc. Pon atención mientras recorres esta zona, pues es muy probable que te encuentres a La Chata, una cerdita que vive en la calle de Mérida y es considerada una celebridad local. Por las tardes, los ritmos y sonidos de las clases de Zumba retumban encima del restaurante Los Chamorros; también verás muchas farmacias abiertas hasta tarde, en caso de que necesitaras una.

Rents are somewhat cheaper than on the other side of Álvaro Obregón (especially closer to the neighborhood's border with Colonia Doctores), and this area is home to the neighborhood's only post office, a FedEx office, and a big movie theater in the Pabellón Cuauhtémoc, the largest mall in La Roma. There are a few exemplary *art nouveau* buildings: The two structures on the opposite sides of the corner of Córdoba and Guanajuato (one crumbling down and the other renovated), the UNAM building on Zacatecas, several former mansions on Guanajuato near the park, and the dramatic facade of Chihuahua #78.

La renta aquí es un poquito más barata que del otro lado de Álvaro Obregón (sobre todo cerca del límite con la Colonia Doctores) y aquí se encuentra la única oficina postal de la colonia, una oficina de FedEx y un gran cine en Pabellón Cuauhtémoc, el centro comercial más grande de la zona. Verás pocos pero notables ejemplos de edificios *art nouveau*: las dos estructuras en las esquinas opuestas de Córdoba y Guanajuato (una que se cae a pedazos y otra renovada), el edificio de la UNAM en la calle de Zacatecas, así como algunas mansiones renovadas en la calle de Guanajuato cerca del parque, y la dramática fachada de Chihuahua #78.

Section · Sección 4

N

SLEEPING · DORMIR

1 Hotel Marbella
2 Hotel Casablanca
3 Metro Hostal Boutique

EATING & DRINKING · COMER Y BEBER

1 Paprika Cocina de Especias
2 La Nacional, La Botica,
La Graciela, La Chicha & La Belga
3 La Bella Italia
4 Cabrera 7
5 La Macellería Roma
6 Pozolería Teoixtla
7 Mog
8 Cardinal Casa de Café
9 Tortas Harry
10 El Beso Huasteco
11 Fournier Rousseau
12 Bolero Café

13 El Habanerito
14 Casa Tassel
15 180° Café
16 Volver
17 La Morenita Bar
18 Los Chamorros de Mérida
19 Fika Swedish Coffee
20 El Festín
21 Kerbel's Pastelería
22 Salón San Luis

SHOPPING · COMPRAS

1 El Liquor Store
2 Mint & Lime
3 Culinaria Vegetal
4 Frutería La Huerta
5 People for Bikes
6 Pabellón Cuauhtémoc
7 Máscara de Látex

SERVICES · SERVICIOS

1 HSBC
2 Alta Resolución
3 FedEx
4 Correos de México

CULTURE · CULTURA

1 Templo de Catemaco Veracruz
2 Foro Indie Rocks
3 Cinemex
4 Plaza Luis Cabrera
5 William S. Burroughs House ·
  Casa de William S. Burroughs

STREET FOOD · COMIDA CALLEJERA

1 Mariscos Katy
2 Friday Tianguis · Tianguis de los viernes
3 Comida Corrida Stand ·
  Puesto de comida corrida
4 El Rey del Taco

Sleeping
DORMIR

If you're staying overnight and it has to be in this section my top suggestion is Airbnb, as there are lots of cute apartments nearby. If you absolutely need a hotel, here are a few I suggest.

Si tienes que pasar la noche en esta zona, te recomiendo buscar alojamiento en Airbnb, pues hay muchos departamentos lindos cerca. Si forzosamente necesitas un hotel, a continuación te sugiero algunas opciones.

① Hotel Marbella
Frontera #205
5264 8016, 5264 7620

Renovated in 2016, Marbella is a business hotel that offers free Wi-Fi, a business center, well-lit rooms and helpful staff. Rooms run from 65 to 281 USD.

Remodelado en 2016, Marbella es un hotel de negocios que ofrece Wi-Fi gratuito, un centro de convenciones, habitaciones bien iluminadas y personal muy amable. Los precios por cuarto varían entre 1,254 y 5,400 pesos.

f *@HotelMarbellaMexico*
◎ *@hotel_marbella_mexico*
🏠 *www.hotelmarbellamexico.com*

② Hotel Casablanca
Coahuila #27
5264 2538, 5264 1886

A cheap old-school choice, this hotel is on a slightly cozier, quieter street and has a Sicilian mafia-movie style dining room and bar. Rooms run from 29 to 33 USD; make sure you ask for one with a window to the street.

Una opción económica y *vintage*, este hotel está ubicado sobre una calle un poco más tranquila. Su comedor-bar parece salido de una película sobre la mafia siciliana. Las habitaciones cuestan entre 550 y 630 pesos. Asegúrate de pedir una con vista a la calle.

f *@Hotel-Casa-Blanca*

③ Metro Hostal Boutique

Guanajuato #84 / 7825 8051

An awesome, cheap spot right in the heart of the Roma, Metro has 10, 8, and 4-bed dorms as well as private rooms (some with adorable balconies) in a range of 12 to 41 USD a night. A light breakfast, taxes, towels and Wi-Fi are included in the price. Request a room with internet if you need it, since the signal doesn't reach all of them.

Increíble y económico lugar en el corazón de La Roma, Metro tiene dormitorios de 10, 8 y 4 camas, además de habitaciones privadas (algunas con adorables balcones) en un rango de 240 a 790 pesos por noche. Estos precios incluyen desayuno ligero, impuestos, toallas e internet inalámbrico. Pide una habitación con internet si lo necesitas, pues la señal no llega a todos los cuartos.

f *@metrohostal*

🏠 *www.metrohostal.com*

① Paprika Cocina de Especias

Orizaba #115

5533 0303

TUE MAR · WED MIÉ 2:00 PM-11:00 PM
THU JUE · SAT SÁB 2:00 PM-2:00 AM
SUN DOM 2:00 PM-6:00 PM

While there are dishes that I think have some heavy-handed spicing, I still maintain that Paprika is one of the best non-Mexican food restaurants in the hood. Particularly delicious are the grilled cauliflower and Persian meatballs.

Aunque algunos platillos abusan de las especias, creo fervientemente que Paprika es uno de los mejores restaurantes de comida no mexicana en el barrio. La coliflor rostizada y las albóndigas persas son particularmente buenas.

f *@Paprika_df*

📷 *@paprika_df*

· 119 ·

② La Nacional, La Botica, La Graciela, La Chicha & La Belga
Orizaba #161 · #171
5264 3106, 5515 7615, 5584 2728, 5574 6625, 3547 9558

Sitting on the same block of Orizaba, La Botica is a tiny bar with cardboard menus, a few tables and many *mezcal* varieties; La Nacional is bigger and fancier. La Graciela has homemade craft beer, La Chicha sells snacks and various drinks, and right around the corner is craft beer store La Belga.

Ubicados en la misma cuadra de Orizaba, La Botica es un pequeño bar con menús de cartón, pocas mesas y mucho mezcal; La Nacional es más elegante y grande. La Graciela tiene cerveza artesanal, La Chicha vende botanas y varias bebidas, y a la vuelta de la esquina está la tienda de cerveza artesanal La Belga.

📷 *@laboticamezcaleria @la_nacional_roma @lagracielatc @lamaschicha @labelgamx*

🏠 *www.labelga.com.mx*

③ La Bella Italia
Orizaba #110 / 5264 7960
MON LUN · SUN DOM 10:30 AM-9:30 PM

This ice cream shop has been in the neighborhood almost since its inception and is an emblem of the *colonia's* past. As you enjoy a nice creamy cone, the 1950s-style dining area will take you back to a simpler time in La Roma.

Esta heladería ha estado en el vecindario casi desde sus orígenes y es un emblema de tiempos pasados. Mientras disfrutas de tu helado, su ambiente cincuentero te remontará a tiempos más simples de la colonia.

④ Cabrera 7
Cabrera #7 / 5264 4531
SUN DOM · TUE MAR 1:00 PM-11:00 PM
WED MIÉ 1:00 PM-12:00 AM
THU JUE · SAT SÁB 1:00 PM-1:00 AM

A bit of a madhouse on the weekends, Cabrera 7's delightful view of the park makes sitting outside a must. It's pet-friendly to a fault and the menu is a mix of solid regional dishes from across Mexico, like *cecina de Yecapixtla* (a salted and dried meat typical to Morelos) and Yucatecan ribs in *adobo* sauce.

Si bien los fines de semana puede ser una locura, su gran vista al parque lo convierte en una excelente opción para disfrutar de las mesas que están en la terraza. Se aceptan mascotas y el menú es una mezcla de platillos regionales de todo México, como la cecina

de Yecapixtla (un platillo tradicional de Morelos) y las costillas yucatecas en salsa de adobo.

f *@cabrera7*
📷 *@cabrera_siete*

⑤ La Macellería Roma
Orizaba #127 / 5574 1461

MON LUN · **WED** MIÉ **12:00 PM-12:00 AM**
THU JUE · **SAT** SÁB **1:00 PM-1:00 AM**
SUN DOM **10:00 AM-12:00 AM**

This Italian steakhouse right off of Luis Cabrera Plaza sees a steady stream of locals day and night. They serve well-cut (and well-seasoned) steaks, a variety of fresh green salads, sandwiches, and pizzas.

Esta parrilla italiana ubicada casi al lado de la Plaza Luis Cabrera es muy concurrida por los residentes de la colonia día y noche. Venden buenos cortes de churrascos (muy bien sazonados) y una variedad de ensaladas verdes, sándwiches y pizzas.

f *@MacelleriaRoma127*
📷 *@macelleriaroma*
🏠 *www.macelleria.com.mx*

⑥ Pozolería Teoixtla
Zacatecas #59 / 5564 2859

MON LUN · **SUN** DOM **11:00 AM-10:00 PM**

Teoixtla has Guerrero-style *pozole* (green and white) served with fried pig cracklings and sardines (common along the state's coast). This *pozolería* (a place that serves *pozole*) is a neighborhood standby, reasonably priced and very popular.

Teoixtla ofrece pozole guerrerense (blanco y verde) servido con chicharrón y sardinas, algo común en la costa del estado. Esta pozolería es de gran tradición y popularidad en el vecindario, con precios muy accesibles.

⑦ Mog
Frontera #168 / 5264 1629

MON LUN · **FRI** VIE **1:00 PM-12:00 AM**
SAT SÁB **12:00 PM-12:00 AM**
SUN DOM **12:00 PM-11:00 PM**

Besides being the number one place for high-waisted jean shorts, uneven mullets and retro eyeglasses, Mog is also a good Asian fusion restaurant offering curry, *pad thai*, and stir fry. They even have a couple of sushi rolls without cream cheese.

Además de ser "el lugar" para mirar shorts acinturados de mezclilla, raros peinados modernos y lentes de pasta, Mog ofrece muy buena comida tipo asiática, delicioso curry, *pad thai* y salteado de verduras. Incluso tienen sushi sin queso crema.

f *@Mogbistro*
◎ *@Mogbistro*

⑧ Cardinal Casa de Café
Córdoba #132 / 6721 8874

MON LUN · **FRI** VIE **7:30 AM-9:00 PM**
SAT SÁB **9:00 AM-9:00 PM**
SUN DOM **10:00 AM-8:00 PM**

Their retro style, eclectic tunes and late hours make this cafe one of my favorite places to work for a few hours. They have delicious Mexican coffee, *lucha libre* cookies, and sandwiches. The staff is easygoing and friendly.

Su estilo retro, selección musical ecléctica y amplio horario de atención hacen de este café uno de mis favoritos para ir a trabajar por algunas horas. Sirven un delicioso café mexicano, galletas con figuras de lucha libre y sándwiches. Los empleados son súper amigables y relajados.

f *@casacardinal*
◎ *@casacardinal*
🏠 *casacardinal.mx*

9 Tortas Harry
Antonio M. Anza #21 / 5564 9169

MON LUN · FRI VIE 8:00 AM-9:00 PM
SAT SÁB 9:00 AM-9:00 PM
SUN DOM 10:00 AM-9 PM

This joint is old school (and super popular), with red and white outfits reminiscent of a 1950s diner. The *torta* list is endless, in addition to burgers, fresh-squeezed juices, and smoothies.

Este popular sitio posee una auténtica estética *vintage* debido a sus uniformes en colores rojo y blanco que recuerdan una cafetería de la década de 1950. Tiene una lista interminable de tortas, además de hamburguesas, jugos frescos y licuados.

10 El Beso Huasteco
Córdoba #146 / 5574 6166

MON LUN · THU JUE 8:00 AM-11:00 PM
FRI VIE 8:00 AM-12:00 AM
SAT SÁB 8:00 AM-11:00 PM
SUN DOM 8:00 AM-6:00 PM

The scene is set with a miscellaneous array of hanging lamps (all for sale) and brightly painted walls draped with trellising plants. The Huasteco *tapas* are my favorite —tacos *de barbacoa* (lamb tacos) and *molotes* (fritters filled with ground beef or potatoes, and spices).

Ambientado con un variado despliegue de lámparas de techo (a la venta), paredes de colores chillones y plantas trepadoras, este lugar ofrece comida de la Huasteca mexicana. Las tapas son mis favoritas, los tacos de barbacoa y los molotes (de carne o papa con especias).

f *@elbesohuasteco*
🏠 *www.elbesohuasteco.mx*

11 Fournier Rousseau
Córdoba #108 / 6269 9486

MON LUN · SUN DOM 8:00 AM-9:00 PM

This French bakery and pastry shop draws in the neighbors with the smell of baking baguettes and chocolate croissants. The selection is limited but everything they offer is delicious.

Esta panadería y repostería francesa atrae a los vecinos con su olor a baguettes recién horneadas y chocolatines. La selección es limitada pero todo lo que ofrecen es delicioso.

f *@Fournier-Rousseau*
📷 *@fournierrousseaumx*

12 Bolero Café
Guanajuato #80 / 5264 5238

TUE MAR · SUN DOM 12:00 PM-12:00 AM

A cozy cafe by day becomes a loungey hangout at night, with hundreds of vinyl records playing on rotation, delicious coffee, booze, and Colombian *patacones* (fried green plantains). After just a few visits, you will undeniably feel like a regular.

Por las mañanas luce como un acogedor café, pero al caer la noche se transforma en un salón-bar con cientos de discos de vinilo en reproducción constante, delicioso café, tragos y patacones colombianos. Después de unas pocas visitas te sentirás como un cliente frecuente.

f *@bolerocafe80*
◎ *@bolerobasement*

13 El Habanerito
Frontera #177 / 044 55 2742 3699
MON LUN · FRI VIE 9:00 AM-10:00 PM
SAT SÁB 10:00 AM-10:00 PM
SUN DOM 10:00 AM-7:00 PM
Good *cochinita pibil* (Yucatán-style suckling pig) can be hard to find. I keep coming back to this tiny place for its half-dozen sauces (including fiery *jalapeño* peanut) and friendly, quick service. Added bonus, you can order *cochinita* by the kilo.

No es tan fácil encontrar buena cochinita pibil en la ciudad, por eso siempre regreso a este sitio. Sus salsas son deliciosas (incluyendo una bien picante de jalapeño y cacahuate) y su servicio es rápido y amable. Un plus: puedes pedir cochinita por kilo.

f *@El-Habanerito* **◎** *@elhabanerito*

14 Casa Tassel
Córdoba #110 / 5264 3313
MON LUN · SAT SÁB 10:00 AM-9:00 PM
Named after the first *art nouveau* building in history, this teashop's antique-chic parlor is a cozy location for a spot of tea and a *petit four*. They have 72 types of tea, finger sandwiches, sweet treats, and a big picture window looking out onto Córdoba.

Nombrado en honor al primer edificio *art nouveau* de la historia, esta casa de té con vibra retro-chic es sumamente cálida para degustar un té y comer *petit four*. Ofrecen 72 diferentes tipos de té, pequeños sándwiches, dulces y una pintoresca y amplia ventana con vista a la calle de Córdoba.

f *@casatassel* **◎** *@casatassel*

15 180° Café
Coahuila #54 / 7826 6052
MON LUN · SAT SÁB 8:00 AM-10:00 PM
Open late, 180° Café is a great place for a nightcap of coffee and dessert. They make their sweets (and a few savory items) in-house including French-style baguettes, cookies, heavenly chocolate brownies, and breakfast pastries.

Abierto hasta tarde, el 180º Café es una excelente opción para disfrutar de un café y un postre. Ellos mismos elaboran sus dulces y algunos alimentos salados, como baguettes estilo francés, galletas, divinos *brownies* de chocolate y panadería para el desayuno.

f *@180GradosCafe*
○ *@180gradoscafe*
⌂ *www.180gradoscafe.com*

16 Volver
Chihuahua #93 / 5264 8731
MON LUN · THU JUE 8:00 AM-10:30 PM
FRI VIE · SAT SÁB 8:00 AM-11:30 PM
SUN DOM 9:00 AM-9:00 PM

At Volver you can sit outdoors alongside a tiny herb garden planted in sidewalk pots. They have creative menu items that include sweet and savory waffles, pick-me-up natural juices, and vegan hamburgers, but relatively slow service.

En Volver puedes sentarte en mesas al aire libre y disfrutar del aroma de las hierbas plantadas en macetas en la banqueta. Tienen un menú creativo que incluye waffles dulces y salados, jugos energéticos naturales y hamburguesas veganas. Toma nota: el servicio es un poco lento.

f *@Volver.Co*
○ *@volver.co*
⌂ *www.volver.co*

17 La Morenita Bar
Chiapas #52
MON LUN · WED MIÉ 1:00 PM-10:00 PM
THU JUE 1:00 PM-11:00 PM
FRI VIE 1:00 PM-12:00 AM
SAT SÁB 1:00 PM-8:00 PM

This bar serves up some of the cheapest beers in the neighborhood to a young, local crowd gathered at its outdoor tables. It's liveliest on Thursdays and Fridays.

Este bar sirve las cervezas más baratas de la colonia. No por nada se llena de jóvenes que apilan botella tras botella sobre las mesas ubicadas en la banqueta. Los jueves y viernes son los días de mejor ambiente.

f *@LaMorenitaRoma*
○ *@lamorenitaroma*

18 Los Chamorros de Mérida
Mérida #124 / 5264 0210
MON LUN · SUN DOM 9:30 AM-6:30 PM

Los Chamorros serves tender *chamorro* (roasted pork leg) in fat, homemade *tortillas*, *pambazos* (fried, salsa-covered sandwiches), *quesadillas* and *huaraches* (long, football-shaped *tortillas* with toppings). There are tables on the sidewalk and Latino soap operas on the TV.

Sirven chamorro tierno con generosas tortillas caseras, pambazos, quesadillas y huaraches. Hay mesas en la banqueta y telenovelas en la televisión.

f *loschamorrosdemerida*

📷 *@loschamorrosdemerida2566*

19 Fika Swedish Coffee
Guanajuato #53 / 6390 7781

MON LUN 8:30 AM-10:00 PM
TUE MAR · FRI VIE 8:30 AM-9:00 PM
SAT SÁB 9:00 AM-9:00 PM
SUN DOM 10:00 AM-5:00 PM

"Fika" in Swedish means "coffee and a light snack." This shop offers just that —aromatic organic coffee, mini sandwiches and snacks (chunky hummus, Swedish meatballs and baked sweet potatoes), made with organic, local ingredients.
En sueco, "Fika" significa "café y un antojo ligero". Esto es exactamente lo que esta tienda ofrece: café con un delicioso aroma, pequeños sándwiches, albóndigas suecas y batata asada, todo hecho con ingredientes orgánicos locales.

f *@FIKA swedish coffee*

📷 *@fikaswedishcoffee*

20 El Festín
Querétaro #40 / 6307 5345

MON LUN · FRI VIE 10:00 AM-5:30 PM
SAT SÁB 10:00 AM-5:00 PM

A truly solid *comida corrida* choice, El Festín has good *enchiladas* and *chilaquiles*, ribs in *chile de*

árbol sauce, *cecina enchilada*, and *arrachera*. The service is fast and super friendly. Set menus (including soup, rice or pasta, a fresh *agua*, and a dessert) run from 3 to 7 USD a plate.
Si buscas buena comida corrida, El Festín es una gran elección. Sirven ricas enchiladas y chilaquiles, además de costillas en salsa de chile de árbol, cecina enchilada y arracheras. El servicio es rápido y súper amigable. Hay paquetes que van desde 65 hasta 140 pesos.

21 Kerbel's Pastelería
Frontera #147 / 5286 1554

MON LUN · SAT SÁB 9:00 AM-8:00 PM

One of the Roma's longstanding establishments, Kerbel's opened in 1989 and has a slip of a space on Frontera that emits the smell of chocolate for a two block radius. They have gourmet cakes, *alfajores*, and truffles, sold retail or wholesale.
Uno de los negocios más antiguos en La Roma, Kerbel's abrió en 1989 y tiene un minúsculo lugar en la calle de Frontera cuyo aroma a chocolate se percibe en dos cuadras a la redonda. Tiene pasteles, alfajores y trufas gourmet, todo vendido al menudeo o mayoreo.

f *@pasteleriakerbels*

🏠 *www.kerbelspastelerias.com*

22 Salón San Luis

San Luis Potosí #28 / 5584 1964

MON LUN · SAT SÁB 8:00 PM-3:00 AM

This late-night dance hall offers a quintessential Roma experience, with *ficheras* (women who will dance with you for a small fee), bottle service and live cumbia and salsa bands. Come late for the real action. Women are advised to bring a date.

Este salón de baile ofrece la experiencia de La Roma por antonomasia, con ficheras (mujeres que bailan contigo por una módica suma), venta de alcohol por botella y bandas en vivo de cumbia y salsa. La acción empieza ya entrada la noche. A las mujeres se les aconseja venir con pareja.

f *@sanluisclub*

Shopping
COMPRAS

① El Liquor Store

Orizaba #203 / 5531 5599

MON LUN · WED MIÉ 11:00 AM-8:00 PM
THU JUE · SAT SÁB 11:00 AM-10:00 PM
SUN DOM 12:00 PM-5:00 PM

An upscale and old-school place, their largest selection is of gin, whisky and *mezcal*, they have a decent amount of Mexican craft beer (bigger names), some wines, and lots of cocktail accessories and books. The cash registry doubles as a bar and they will let you sample before you buy.

Un lugar exclusivo y nostálgico con una gran selección de ginebra, whisky y mezcal, así como una respetable sección de cerveza artesanal mexicana y algunos vinos; también venden muchos accesorios y libros sobre mixología. La caja también funciona como bar, ya que te ofrecen pruebas antes de hacer tu compra.

f *@elliquorstore*
@el_liquorstore
www.elliquorstore.com

② Mint & Lime

Orizaba #118 / 9130 8826

MON LUN · SUN DOM 11:00 AM-7:50 PM

This dreamy interiors store was founded with a focus on textiles and expanded to include designed items. That's obvious in the fabric-focused items that adorn their store —baskets, towels, curtains, duvet covers, pillows, blankets, cloth napkins, table runners and more.

Esta tienda de diseño de interiores fue originalmente concebida como un comercio de textiles y luego se expandió para incluir piezas trabajadas.

Lo anterior se hace evidente en el enfoque puesto en las telas y materiales de sus accesorios en venta: canastas, toallas, cortinas, fundas para edredones y almohadas hasta cobijas, servilletas de tela, caminos de mesa y más.

🅕 *@mintandlimemx*
🅞 *@mintandlimemx*
🏠 *www.mintandlime.mx*

③ **Culinaria Vegetal**

Mérida #140 / 7258 9781

MON LUN · SAT SÁB 10:00 AM-9:00 PM
SUN DOM 10:00 AM-6:00 PM

Owned by the Forever Vegano restaurant next door, Culinaria Vegetal is a 100% vegan food market. They have prepared and frozen foods as well as fresh fruits and veggies, and vegan cooking and baking supplies.

Propiedad del restaurante vecino, Forever Vegano, Culinaria Vegetal es un mercado de productos 100 por ciento veganos. Ofrecen comida preparada y congelada, frutas y verduras frescas, así como insumos para hornear o cocinar recetas veganas.

🅕 *@Culinaria-Vegetal*
🅞 *@culinariavegetal*
🏠 *www.culinariavegetal.com*

Yolcan

contacto@yolcan.com / 5512 6333

Sticking around for a while? Support an incredible project that works to rescue Mexico City's canals by signing up to receive the weekly organic vegetable delivery from Yolcan, a local organic farming organization. There are three convenient pick-up locations in the Roma.

¿Piensas quedarte un rato en La Roma? Regístrate para recibir una canasta semanal de alimentos orgánicos de Yolcan, una organización local que trabaja para rescatar los antiguos canales de la Ciudad de México. Cuentan con tres convenientes puntos de entrega en la colonia.

🅕 *@yolcanmexico*
🅞 *@yolcan_mx*
🏠 *www.yolcan.com*

④ **Frutería La Huerta**

Frontera #143

MON LUN · SUN DOM 8:00 AM-8:00 PM

Blink and you'll miss it, but the fruit and vegetable shop on Frontera has a wide selection of local and imported produce. They make a nice alternative to the grocery and are a step up from a regular convenience store.

El sitio es tan pequeño que, si parpadeas, lo perderás de vista.

Sin embargo, esta tienda de frutas y verduras en Frontera tiene una amplia selección de hortalizas nacionales e importadas. Además, es una buena alternativa al supermercado y a las tiendas de abarrotes.

⑤ People for Bikes
Zacatecas #55 / 5264 1457
MON LUN · SAT SÁB 10:00 AM-8:00 PM
SUN DOM 10:00 AM-5:00 PM

This is a massive shop that both sells and repairs bikes. Prices start at 449 USD for new adult bikes and they also sell tires, seats, and other cycling accessories.

Una tienda gigantesca que vende y repara bicicletas. Los precios por una bicicleta nueva para adulto no bajan de 8,600 pesos. También venden ruedas, asientos y otros accesorios para bicis.

f *@peopleforbikesmexico*
📷 *@pfbmexico*
🏠 *www.pfb.com.mx*

⑥ Pabellón Cuauhtémoc
Av. Antonio M. Anza #20 / 5264 3220
MON LUN · SUN DOM 11:00 AM-9:00 PM

If you get a hankering for Krispy Kreme, a pedicure, or a Martí soccer jersey, the Pabellón has all that and more. Its restaurants and eateries stay open relatively late. There is also a stand-alone CFE (the Mexican electricity company) kiosk where you can pay your bill.
Si se te antoja una dona de Krispy Kreme, hacerte *pedicure* o comprar un *jersey* de futbol de Martí, el Pabellón tiene todo esto y más. Sus restaurantes y fondas abren hasta relativamente tarde. También hay un puesto de autoservicio de CFE, la compañía de electricidad mexicana, donde puedes pagar tu recibo de luz.
f *@pabelloncuauhtemoccdmx*

FRUTERÍA LA HUERTA FRONTERA

⑦ Máscara de Látex
Mérida #151 / 5564 0332

MON LUN · FRI VIE 10:00 AM-7:00 PM
SUN DOM 11:00 AM-7:00 PM

For just the right Batman t-shirt, look no further. Máscara de Látex sells kitschy tees and baseball caps with all kinds of silkscreen prints on them.

Si lo que buscas es la playera de Batman perfecta, has llegado al lugar indicado. Máscara de Látex vende camisetas *kitsch* y gorras de béisbol con todo tipo de serigrafías impresas.

𝗳 @MascaraDeLatex
📷 @mascaradelatex
🏠 www.mascaradelatex.com

Services
SERVICIOS

① HSBC
Córdoba #123 / 5264 8923, Ext. 5

MON LUN · FRI VIE 9:00 AM-5:00 PM

This bank is always packed on Fridays and paydays. They have two ATMS out front and valet parking for account holders.

Todos los viernes y en los días de pago este banco siempre está lleno. Tienen dos cajeros automáticos al frente del establecimiento y valet parking para cuentahabientes.

𝗳 @HSBCMX 🏠 www.hsbc.com.mx

❷ Alta Resolución
Frontera #187 / 5564 6027

MON LUN · FRI VIE 6:30 AM-6:45 PM

This is an all-service copy and print shop with computers for customers and a large selection of paper and office supplies. It also serves as a cybercafe.

Este local de impresión y cibercafé cuenta con todos los servicios necesarios, desde computadoras de uso público hasta una gran selección de materiales para oficina.

❸ FedEx
Mérida #156 / 5264 4993

MON LUN · FRI VIE 9:00 AM-7:00 PM

A complete FedEx office, the service here is fast, reliable, and expensive.

Una oficina de FedEx con todos los servicios. La atención es rápida y confiable, aunque el servicio es costoso.

🄵 *@FedexMexico*
🄷 *www.fedex.com/mx*

❹ Correos de México
Coahuila #5
264 4652

MON LUN · FRI VIE 8:00 AM-7:00 PM
SAT SÁB 12:00 PM-3:00 PM

Correos de México is the neighborhood's only post office. There is almost never a wait and the prices are reasonable. The international

mail service is slow unless you pay for overnight delivery.

La única oficina postal en la colonia. Casi nunca hay fila y los precios son razonables. El servicio de correos internacional es lento, a menos que pagues la entrega de un día para otro.

🄵 *@CorreosdeMexico.Mexpost*
🄷 *@correos_de_mexico*
🄷 *www.correosdemexico.com.mx*

Culture
CULTURA

❶ Templo de Catemaco Veracruz
Querétaro #87
5574 4344, 044 55 3982 5920

MON LUN · FRI VIE 11:00 AM-8:00 PM

This run-down spiritual center was started by a family from Veracruz and is run by three clairvoyant sisters and healers of mysterious diseases who will read your cards, your hand, your future or your past, all for 16-31 USD a session.

Fundado por una familia de Veracruz, este deteriorado centro cultural es dirigido por tres hermanas videntes y curanderas de enfermedades misteriosas quienes te leerán las cartas, la mano, el futuro o el pasado. Todo por la módica cantidad de 300 a 600 pesos la sesión.

❷ Foro Indie Rocks

Zacatecas #39 / 6394 7745

A medium-sized live music venue and performing arts space, Foro Indie Rocks hosts independent musicians from across Mexico and the world. The crowd tends toward the young side and the space is split into a main floor and upper balcony. They also put out their own indie music magazine, check out their website for where to pick it up.

El Foro Indie Rocks es un recinto de tamaño mediano para música en vivo y presentaciones artísticas, que acoge a músicos independientes de México y el resto del mundo. Su concurrencia es generalmente joven y el espacio está dividido entre un piso principal y un balcón. También publican su propia revista de música *indie*; checa su página de internet para conocer sus puntos de venta.

❑ *@foroindierocks*
❑ *@foroindierocks*
❑ *www.indierocks.mx*

❸ Cinemex

Pabellón Cuauhtémoc, Antonio M. Anza #20 (corner of Anza and Cuauhtémoc · Esq. de Anza y Cuauhtémoc) / 5257 6969

MON LUN · SUN DOM 10:30 AM-11:00 PM *(or until the last film lets out · o hasta que acabe la última película)*

The *colonia*'s biggest theater, Cinemex shows all the latest blockbusters. Tickets run about 4 USD.

El cine más grande de la colonia, Cinemex muestra los últimos éxitos de taquilla. Las entradas cuestan alrededor de 75 pesos.

❑ *@Cinemex*
❑ *@cinemex*
❑ *www.cinemex.com*

❹ Plaza Luis Cabrera

Orizaba between Guanajuato and Zacatecas · Orizaba entre Guanajuato y Zacatecas

This plaza, with its large fountain, is a mirror image of the Río de Janeiro Plaza on the other side of Álvaro Obregón. Several stunning early 20th-century mansions (now Universidad de Londres facilities) and some cafes and restaurants line the plaza. Well-lit and heavily frequented at all hours, it's one of the best parks to visit at night. It is named after a noted journalist, writer and politician of the Mexican Revolution.

Esta plaza, con su gran fuente, es una imagen espejo de la Plaza Río de Janeiro, ubicada al otro lado de Álvaro Obregón. La rodean preciosas mansiones de principios del siglo XX (hoy parte de la Universidad de Londres), y algunos cafés y restaurantes. Muy bien iluminada y transitada a todas horas, es una de las mejores plazas para visitar de noche. Recibe su nombre de un renombrado periodista, escritor y político de la Revolución mexicana.

❺ William S. Burroughs House · Casa de William S. Burroughs

Orizaba #210

This building was once the place where Jack Kerouac visited his friend William S. Burroughs three times in the early 1950s, and where Burroughs lived when he accidentally shot his wife in the Bounty Bar and Grill in 1951. According to *Beat Culture: Lifestyles, Icons and Impact*, "every morning, buoyed by coffee and a joint, Kerouac sat

on the rooftop of the Orizaba apartment and spontaneously composed what would become [*Mexico City Blues*]."
Este edificio fue donde Jack Kerouac visitó a su amigo William S. Burroughs tres veces a principios de 1950, y donde vivía Burroughs cuando por accidente le disparó a su mujer en el bar Bounty, en 1951. Según *Beat Culture: Lifestyles, Icons and Impact*: "cada mañana, animado por un café y un toque, Kerouac se sentaba en la azotea del departamento de Orizaba y escribía lo que se convertiría en *Mexico City Blues*".

Street Food
COMIDA CALLEJERA

❶ Mariscos Katy
Coahuila & Cuauhtémoc ·
Coahuila y Cuauhtémoc
MON LUN · SAT SÁB 10:00 AM-6:30 PM
I know folks are queasy about eating seafood on the street, but Katy's is clean and the *pescadillas* (deep-fried *tortillas*

filled with shredded fish, tomatoes and spices) are fried on the spot. They also serve shrimp and fish cocktails, deep-fried chicken tacos, and breaded chicken steak.
Sé que hay gente que desconfía de comer mariscos en la calle, pero Katy's es un puesto limpio y sus pescadillas se fríen al momento. También venden cocteles de camarón y pescado, tacos dorados de pollo y milanesa.

❷ Friday Tianguis · Tianguis de los viernes
Mérida between Álvaro Obregón and Guanajuato · Mérida entre Álvaro Obregón y Guanajuato
FRI VIE 9:00 AM-5:00 PM
Cheap clothing, accessories, produce stands, household items and great food are sold at this market.
There's everything from *cochinita pibil* to *barbacoa* and *tlacoyo* stands. Los Pepe's, at the far end of the market closest to Álvaro Obregón, sells *alambres* and grilled meat tacos with French fries. Carnitas Yoselin, a few stands down coming from Guanajuato, sells perfectly deep-fried *carnitas*. And the fresh *aguas* on the corner of Guanajuato and Mérida have flavors like passion fruit and one

with marshmallows that tastes like cereal milk.

Ropa, accesorios baratos, puestos de fruta y verdura, artículos domésticos y excelente comida se venden en este mercado. Hay desde cochinita pibil hasta barbacoa y tlacoyos. Los Pepe's, al final del tianguis cerca de Álvaro Obregón, vende alambres y carnes a la parrilla con papas a la francesa; Carnitas Yoselin, a pocos pasos de Los Pepe's desde Guanajuato, vende carnitas muy bien cocidas. Y hay aguas frescas en la esquina de Guanajuato y Mérida con opciones como maracuyá y una de malvavisco que sabe a leche de cereal.

❸ Comida Corrida Stand · Puesto de comida corrida

In front of Guadalupana store on Mérida between Chiapas and San Luis Potosí · Enfrente de la tienda Guadalupana entre Chiapas y San Luis Potosí

MON LUN · FRI VIE 8:00 AM-3:30 PM
With hearty portions (real chicken meat in the consommé) and a daily revolving menu that includes main plates like *enfrijoladas* (soft chicken tacos in a bean sauce) or cheese-filled *nopal* cactus in tomato sauce,

this *comida corrida* stand is a delicious value for the price (about 3 USD for the set meal). Con porciones bastante generosas, verdadera carne de pollo en el consomé y un menú diario que incluye platos como enfrijoladas y nopales rellenos de queso en salsa de jitomate, este puesto de comida corrida ofrece un delicioso valor por el precio (alrededor de 55 pesos).

❹ El Rey del Taco

Corner of Mérida & Coahuila · Esq. de Mérida y Coahuila
5545 7915

SUN DOM · SAT SÁB 8:00 AM-5:00 AM
Great grilled meat and *al pastor* tacos, El Rey stays open late and is a favorite in the neighborhood. I like any of their tacos with a little grilled cheese added to it and the toppings are delicious (fried potatoes, *nopal* cactus, charred spring onions). Los tacos a la parrilla y al pastor de El Rey son buenísimos, tal vez por eso es que permanece abierto hasta tarde y es un favorito entre la gente del barrio. Me gustan todos sus tacos con un poco de queso gratinado encima y sus guarniciones son deliciosas (papas fritas, nopales y cebollas cambray asadas).

Section · Sección 5

I often refer to this area of La Roma as home to the neighborhood's forgotten streets. Tepic, Tlaxcala, Aguascalientes, Campeche and the meters-long streets that crisscross them form a residential area of single-story homes that has enough restaurants and shops to make it lively during the day and friendly but tame at night.

Por lo general me refiero a esta zona de La Roma como aquella que alberga las calles olvidadas de la colonia: Tepic, Tlaxcala, Aguascalientes, Campeche y las pequeñísimas calles que las entrecruzan. Todas ellas conforman un área residencial de casas de una sola planta, cuyos restaurantes y tiendas cercanos hacen que el lugar sea animado de día y amigable de noche.

The Mercado Melchor Ocampo (known locally as the Mercado Medellín) is one of the area's undeniable landmarks. This market is a meeting point for neighbors from all over the world, with its Peruvian soda, Argentine *yerba mate* (a strong, bitter tea), Cuban beer, and Colombian white-corn flour. It's housed in one of the many market structures that were built by the city government in the 1950s, previously a simpler affair of tarps laid out under the sun. See page 155 for the whole story on the market.

El Mercado Melchor Ocampo conocido popularmente como el Mercado Medellín) es, sin lugar a dudas, uno de los puntos de referencia de la zona. En este mercado se reúnen vecinos de todas partes del mundo, con sus refrescos peruanos, yerba mate de Argentina, cerveza cubana y harina de maíz blanco de Colombia. Es uno de los muchos mercados de la ciudad construidos por el gobierno en la década de 1950; antes era al aire libre, con carpas y lonas. Para conocer la historia completa, ve a la página 155.

During the day, office workers and hospital visitors amble down Manzanillo or head to one of the area's various hospitals. Around noon school kids flood Jalapa in front of the Benito Juárez public school, and every afternoon you can find lovers kissing on benches in the Ramón López Velarde Park next to the Centro Médico metro stop. Make sure you stroll by the Gotitas de Amor *tortilla* mill on Coahuila and check out their mural with Sor Juana and Carlos Monsiváis as main characters.

Durante el día los oficinistas y los visitantes de los hospitales de la zona se pasean por Manzanillo. Alrededor del mediodía, los niños inundan la calle de Jalapa frente a la escuela pública Benito Juárez, y por la tarde es común encontrar a parejas besándose en las bancas del Parque Ramón López Velarde, junto a la parada del metro Centro Médico. Asegúrate de pasar por la tortillería Gotitas de Amor, en Coahuila, para ver el mural que lo decora, protagonizado por Sor Juana y Carlos Monsiváis.

This area's history is stained with many deaths resulting from a massive earthquake that struck in 1985 (and to a lesser extent,

the most recent quake of September 2017). Surrounding the Ramón López Velarde Park (popularly known as Centro Médico) is a massive apartment complex, some of whose buildings collapsed during the '85 quake. Now kids play soccer and the neighbors shoot hoops where the buildings used to stand, on the dirt fields and cement courts along Orizaba.

La historia de esta zona está marcada por las muertes ocasionadas por el devastador terremoto que azotó la ciudad en 1985 (y también por los daños del temblor de septiembre de 2017). Alrededor del Parque Ramón López Velarde (popularmente conocido como Centro Médico) hay un gran complejo de departamentos. Algunos de sus edificios, que colapsaron durante el terremoto, ahora son canchas de tierra y cemento a lo largo de Orizaba en donde los niños juegan futbol y los vecinos, basquetbol.

When the buildings fell, hundreds of residents died and many were forced to live temporarily at the Club Deportivo Hacienda on Jalapa while their homes were inspected after the quake. During the most recent quake, the Huerto Roma Verde was converted into a makeshift shelter and supply center that coordinated volunteers and supplies to help with recovery.

Cuando los edificios colapsaron, cientos de residentes murieron y muchos fueron forzados a vivir temporalmente en el Club Deportivo Hacienda en la calle de Jalapa mientras sus hogares eran inspeccionados después del temblor. Tras el sismo de 2017, Huerto Roma Verde fue convertido en un albergue y centro de acopio que coordinó a voluntarios y suministros para ayudar con la recuperación de la zona.

The Hermanos Zavala, a family of 13 singers that are some of the neighborhood's musical stars, once lived on the corner of Aguascalientes and Champotón, and Neguib Simón, the first owner of Mexico's Plaza de Toros (the bullfighting arena), once lived at Campeche #131.

Los Hermanos Zavala, una familia de 13 cantantes que se cuentan entre las estrellas musicales de la colonia, vivieron en la esquina de Aguascalientes y Champotón. Y Neguib Simón, el primer dueño de la Plaza de Toros de México, vivió en Campeche #131.

Section · Sección 5

EATING & DRINKING · COMER Y BEBER

1. Mercado Melchor Ocampo (Mercado Medellín)
2. Por Siempre Vegana
3. Central Cacao
4. Alma Pura
5. Taquería El Paisa
6. Molino y Tortillería La Fe
7. Il Vinaino
8. El Hidalguense
9. Tamales Doña Emi
10. La Troje
11. Elíhir Vegetariano
12. Patita La Vaca
13. El Sazón de Mongo / La Gracia
14. Helados Palmeiro
15. Trescielos
16. Repostería Lafayette

CULTURE · CULTURA

1. Cine Tonalá
2. Black Studio
3. Huerto Roma Verde
4. Escuela de Gastronomía Mexicana

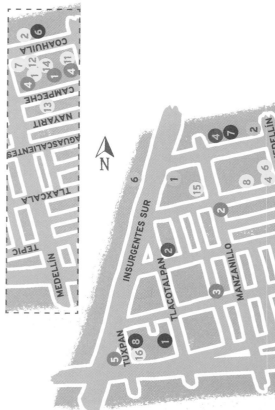

SHOPPING · COMPRAS

1 Woolworth
2 Food Market
3 Trama
4 Mis Mezcales
5 La Tiendita de la Nostalgia
6 La Naval
7 Orion

SERVICES · SERVICIOS

1 Hospital Ángeles Metropolitano
2 Tonino Bike Repair
3 Marcos y Molduras Roma
4 Ciber Tu Chip
5 Laboratorio Médico Polanco
6 Lumen
7 Centro de Belleza Integral
8 Centro Quiropráctico Wilson
9 Dirección Territorial Roma-Condesa
10 Civil Registry · Registro Civil

STREET FOOD · COMIDA CALLEJERA

1 Carnitas de Medellín
2 Sunday Barbacoa ·
  Barbacoa dominical
3 El Comal Asesino
4 Tlacoyos & Quesadillas
5 Tortitas

Eating & Drinking

COMER Y BEBER

① Mercado Melchor Ocampo (Mercado Medellín)

Campeche between Monterrey and Medellín · Campeche entre Monterrey y Medellín

A great place to eat, shop, people-watch and run into your neighbors. Besides the regular fare you expect at a neighborhood market, this one provides a vast array of local and international culinary products and has some of the best eateries in the neighborhood. See page 155 for the whole story of the market.

Un gran lugar para comer, comprar, ver pasar gente y encontrarte con tus vecinos. Además de lo que puedes esperar de un mercado tradicional, éste ofrece una amplia variedad de productos culinarios locales e internacionales y tiene algunas de las mejores fondas en la colonia. Ve a la página 155 para conocer la historia completa y deleitarte con ella.

② Por Siempre Vegana

Coahuila #169 / 3923 7976

MON LUN · FRI VIE 1:00 PM-11:00 PM
SAT SÁB 10:00 AM-11:00 PM
SUN DOM 10:00 AM-7:00 PM

The new outpost of the Por Siempre Vegana taco truck (see Street Food, Section 3), this tiny restaurant has daytime hours for the midday vegan taco craving. All the same delicious options —wheat *al pastor*, soy *suadero*, soy *chorizo* and my new favorite, grilled mushrooms and onions.

Esta nueva (y pequeña) sucursal del puesto de tacos Por Siempre Vegana (Ver Comida callejera, Sección 3) tiene horarios de servicio matutinos para aquellos con antojo de tacos veganos al mediodía. Ofrece el mismo (y delicioso) menú que su matriz: carne de trigo al pastor, suadero de soya, chorizo de soya y mi nuevo favorito: setas encebolladas a la parrilla.

f *@porsiempreveganataqueria*

③ Central Cacao

Campeche #51 / 6723 6636

MON LUN · FRI VIE 11:00 AM-7:00 PM
SAT SÁB 11:00 AM-5:00 PM
SUN DOM 10:00 AM-3:00 PM

A cooperative of over 20 brands of artisanal chocolate, Central Cacao is a place to both buy and taste chocolate. Their beverage menu was created by the

La Rifa chocolate workshop in Coyoacán and they host a biannual chocolate festival as well as sell *molinillos* (the special type of traditional wooden whisk for hot chocolate).

Central Cacao es una cooperativa con más de 20 marcas de chocolate artesanal, y un excelente lugar para comprar y probar este producto. El menú de bebidas fue creado por La Rifa, un taller de chocolate en Coyoacán que, además de vender molinillos, organiza un festival bianual de chocolate.

f @CentralCacao

📷 central_cacao

🏠 www.artefacto.com.mx/centralcacao

④ Alma Pura
Campeche #125 / 8436 8739

MON LUN · FRI VIE 8:00 AM-9:30 PM
SAT SÁB · SUN DOM 8:00 AM-7:30 PM

I want to hate this place because it took over the location of one of my favorite *carnitas* restaurants, but the truth is it's pretty delightful. They're pet-friendly, have lots of healthy (and exceptionally tasty) sandwiches on the menu, really good smoothies and fresh juices, and lots of good work space.

Quisiera odiar este lugar porque remplazó uno de mis restaurantes favoritos de carnitas, pero la verdad es que tiene muy buena vibra. Son amigables con las mascotas, ofrecen muchos sándwiches saludables (y deliciosos) en el menú, además de muy buenos licuados y jugos frescos. También cuentan con mucho espacio libre para trabajar.

f @almapuramxx 📷 @almapuramxx

🏠 www.almapura.com.mx

⑤ Taquería El Paisa
Tonalá #320 / 5584 1251

MON LUN · SUN DOM 7:00 AM-11:00 PM

I may be partial because they are right near my house, but El Paisa has excellent *carnitas* (that don't sit in a vat of oil all day) and put-hair-on-your-chest salsa.

Quizá mi opinión sobre este lugar sea parcial porque está muy cerca de mi casa, pero la verdad es que El Paisa tiene excelentes carnitas (que no se remojan en aceite todo el día) y salsa que te encenderá la lengua.

6 Molino y Tortillería La Fe
Medellín #213 / 5584 2543

MON LUN · SUN DOM 6:30 AM- 6:00/7:00 PM

One of the remaining corn mills in the city still doing their own *nixtamalización* —the process of soaking corn kernels in water and limestone to soften them and break down their niacin, making them more digestible and malleable. This mill is well-known in the neighborhood for its quality *tortillas* and its often-stoned workers.

Uno de los pocos molinos en la ciudad que todavía practica la nixtamalización (proceso mediante el cual se realiza la cocción del maíz con agua y cal, lo que le da a los granos un alto valor nutrimental y los hace más maleables). Es conocido en la colonia por la alta calidad de sus tortillas y porque sus trabajadores con frecuencia están "pachecos".

7 Il Vinaino
Medellín #224 / 5160 1704

SUN DOM · WED MIÉ 12:00 PM-6:00 PM
THU JUE · SAT SÁB 12:00 PM-10:00 PM

Run by a Florence native, this intimate Italian joint is making delectable homemade pasta in an unassuming corner of the Roma. Fill your belly with wild mushroom and Italian sausage tagliatelle or the clams in spicy tomato sauce. There's BYOB with a hefty 16 USD corking fee or their menu of great Italian vintages.

En esta modesta esquina de La Roma sirven exquisita pasta hecha a mano por un chef, originario de Florencia, Italia. Llena tu estómago con el *tagliatelle*, la pasta con hongos silvestres y el chorizo italiano; prueba también las almejas en salsa de tomate picante. Tienen servicio de descorche por 300 pesos o puedes elegir entre sus marcas de vino italiano.

f *@vinainocdmx*

8 El Hidalguense
Campeche #155 / 5564 0538

THU JUE · SUN DOM 7:00 AM-6:00 PM

El Hidalguense is an institution in Mexico City. Its *barbacoa* (roasted lamb) is brought in daily from Hidalgo, where it's wrapped in agave leaves and cooked in an underground pit. Come early if you want a seat on Sunday and try the flavored *pulque curados* (fermented *agave* sap flavored with fruit juice) if Saturday night is still haunting you.

El Hidalguense es toda una institución en la Ciudad de México. Su barbacoa llega todos los días desde Hidalgo, donde es envuelta en hojas de agave y cocida en un hoyo en el suelo. Ven temprano si quieres conseguir una mesa los domingos y prueba los pulques curados para bajar la cruda del sábado en la noche.

📷 *@elhidalguenserestaurante*

⑨ Tamales Doña Emi
Jalapa #278B

MON LUN · **FRI** VIE **8:00 AM**
SAT SÁB **9:00 AM**

Don't even think about coming late, because most days by 10:00 am Doña Emi has been raided and hardly a *tamal* remains. You can get *tamales* as big as your arm and *atole* (a traditional corn drink) by the liter. They have all the usual suspects, along with two of my favorites —sweet pineapple or savory pork with olives.

Ni sueñes con llegar tarde, porque para las 10:00 am ya casi todos los tamales del restaurante Doña Emi habrán desaparecido. Puedes conseguir tamales tan grandes como tu brazo y atole por litro. Ofrecen todos los sabores clásicos más dos de mis favoritos: piña dulce y lomo con aceitunas.

⑩ La Troje
Coahuila #96A / 5574 5967

MON LUN · **SAT** SÁB **2:00 PM-6:00 PM**

La Troje's 20-odd tables are packed Monday to Saturday for their *comida corrida* menu (an inexpensive set meal). The bread is oven-warm, the consommé has real chicken chunks, and the home-style main plates are dependably good.

Las veintitantas mesas de La Troje están llenas de lunes a domingo gracias a su menú de comida corrida. El pan viene calientito, el consomé tiene trozos de pollo reales, y los platos caseros son una garantía de calidad.

⑪ Elihir Vegetariano
Monterrey #241 / 5584 8464

MON LUN · **SUN** DOM **10:00 AM-6:00 PM**

This *comida corrida* stands out as one of the only places in the neighborhood where vegetarians can get meatless versions of traditional Mexican fare —wheat protein *milanesa*, spinach "meatballs," *chiles en nogada*, *enchiladas* and more.

Este restaurante de comida corrida es uno de los únicos lugares en el barrio donde los vegetarianos pueden probar versiones sin carne de platos típicos, como milanesa de trigo, albóndigas de espinaca, chiles en nogada, enchiladas y más.

12 Patita La Vaca
Coahuila #172B
4756 1266, 044 55 3244 2204
MON LUN · SAT SÁB 9:30 AM-7:30 PM
SUN DOM 12:00 PM-7:00 PM

The banana cream tart alone is worth the trip to this bakery. The other tarts and sweet pastries are also delightful but the coffee is just above drinkable, so get your dessert to go.

La tarta de crema de plátano vale la visita a esta panadería. Las otras tartas y dulces son deliciosos, pero el café deja mucho que desear, así que mejor pide tu postre para llevar.

📘 @PatitaLaVacaPLV
📷 @patitalavacamx

13 El Sazón de Mongo / La Gracia
Campeche #88 / 1911 9133
MON LUN · SUN DOM 10:00 AM-10:00 PM

Mongo moved out of the Medellín Market and is now running the kitchen at La Gracia across the street. The ambiance isn't as nice —a little dark and sports bar-y— but the Cuban food is just as good —incredible rice and beans, fried plantains, and chicken smothered in hearty tomato sauce.

Mongo se mudó del Mercado Medellín y ahora dirige la cocina de La Gracia, al otro lado de la calle. El ambiente ya no es igual (ahora es un poco oscuro y como de bar deportivo), pero la comida cubana aún es excelente. Arroz con frijoles, plátanos fritos y ropa vieja son las especialidades del menú.

14 Helados Palmeiro
Mercado Medellín (stall 507 · puesto 507) / 5574 4811
MON LUN · SUN DOM 10:00 AM-6:00 PM

Famous throughout the city, owner Eugenio serves some of the best ice cream and milkshakes I've ever tasted here. Regulars come by for a toasty caramel cone, a joke from Eugenio, and their daily sugar fix.

Famoso en toda la ciudad, Eugenio, el dueño, sirve de los mejores helados y malteadas que he probado en mis años de vivir en México. Los clientes frecuentes vienen por un cono sabor caramelo, un chiste de Eugenio, y su dosis diaria de azúcar.

📘 @Helados Palmeiro Mercado de Medellín

⑮ Trescielos

Manzanillo #45 / 6552 8900

MON LUN · THU JUE 2:00 PM-10:00 PM
FRI VIE · SAT SÁB 2:00 PM-11:00 PM
SUN DOM 2:00 PM-8:00 PM

Trescielos is the number one pizza place in this area. Offering thin-crust pizza combos like pear and gorgonzola or turkey and pineapple. Be sure to try the homemade lavender-vanilla ice cream. This is one of the few restaurants in this section that stays open late.

La pizzería principal de esta zona. Ofrecen pizza con ingredientes como pera y gorgonzola o pavo y piña. Prueba su helado casero de vainilla y lavanda. Éste es uno de los pocos restaurantes de la sección que permanecen abiertos hasta tarde.

 @TrescielosMx
 @trescielos_mx
 www.trescielos.com

⑯ Repostería Lafayette

Tuxpan #21-1 / 5574 1818

MON LUN · SAT SÁB 7:00 AM-10:00 PM

The only place in the neighborhood I go for Mexican sweetbreads, *conchas*, or fried, sugary *churros*. If you're lucky the CD vendor on the corner in front will provide you with a salsa soundtrack for contemplating the decadence of Lafayette's coconut donuts.

Éste es el único lugar de la colonia al que voy por pan dulce mexicano como conchas o churros fritos y cubiertos de azúcar. Si tienes suerte, tal vez el vendedor de discos de la esquina de enfrente te venda un CD de salsa para acompañar las decadentes donas de coco de Lafayette.

Shopping
COMPRAS

① Woolworth

Insurgentes Sur #376 / 5564 1469

MON LUN · SUN DOM 10:00 AM-9:00 PM

Woolworth is one of the neighborhood's larger department stores. Although the quality of the goods leave something to be desired, it's the place to go if you need an ice tray, a shower curtain liner or a cheap set of wine glasses.

Woolworth es una de las tiendas departamentales más grandes de la colonia. Si bien la calidad de sus artículos deja un poco que desear, es un buen lugar si necesitas una hielera, una cortina para baño o unas copas de vino económicas.

 www.woolworth.com.mx/sucursales/
 ciudad-de-mexico/roma-norte

② Food Market
Coahuila #181 / 5264 0752

MON LUN · **SAT** SÁB 8:00 AM-9:00 PM
SUN DOM 11:00 AM-7:00 PM

Food Market is the organic grocery store in this section, with household cleaners, beauty products, foodstuffs (both fresh and packaged) and supplements. They have gluten-free products, juices, dressings and condiments, aloe vera, coconut oil, and organic pasta.

Tienda orgánica de esta sección, con productos de limpieza, cosméticos, alimentos (frescos y empaquetados) y suplementos nutricionales. Ofrecen productos sin gluten, jugos, aderezos, condimentos, áloe vera, aceite de coco y pastas orgánicas.

③ Trama
Coahuila #137 / 044 55 5455 5191

MON LUN · **SAT** SÁB 12:00 PM-8:00 PM
SUN DOM 12:00 PM-7:00 PM

One of my favorite new additions to the shopping in this section, Trama is a cooperative of independent artists and designers that create whimsical stuffed animals, cloth handbags, hand-stamped t-shirts and metal jewelry.

Uno de mis gustos recién adquiridos para comprar en esta sección, Trama es una cooperativa de artistas y diseñadores independientes que crean curiosos animales de peluche, bolsas de tela, playeras estampadas y joyería de metal.

 @tramatienda
 @tramaroma

·148·

4 Mis Mezcales
Coahuila #138 / 8435 9284

MON LUN · SAT SÁB 12:00 PM-8:00 PM

A wide selection of *mezcal* from across the country (Jalisco, Durango, Chihuahua, Oaxaca, Michoacán) means this is a great place to pick up a bottle to try or purchase as a gift.

Con una gran selección de mezcales de todo el país (Jalisco, Durango, Chihuahua, Oaxaca, Michoacán), este lugar es una excelente opción para probar o comprar una botella de regalo.

f *@MisMezcalesCDMX*

◉ *@mismezcales*

⌂ *www.mismezcales.mx*

5 La Tiendita de la Nostalgia
Tonalá #259

MON LUN · SAT SÁB 12:00 PM-9:00 PM

This tiny antique store has trouble sticking to its official hours, but if the Cine Tonalá next door is open, they probably are too, selling 1-USD books on a table outside, antique furniture arranged on the sidewalk, old postcards, and a telephone shaped like a piano.

Esta pequeña tienda de antigüedades no siempre se apega a su "horario oficial", pero si el Cine Tonalá de al lado está abierto, posiblemente ellos también lo estén.

Tienen una mesa en el exterior del local donde venden libros por 20 pesos, muebles antiguos desplegados en la banqueta, viejas postales y un teléfono en forma de piano.

6 La Naval
Insurgentes Sur #373 / 5584 3500

MON LUN · SAT SÁB 9:00 AM-9:00 PM
SUN DOM 11:00 AM-7:00 PM

La Naval, though technically in Colonia Hipódromo, has the biggest selection of wines and spirits around, along with roasted red peppers, pates, French cheeses, imported pastas and other specialty foods items.

Aunque La Naval técnicamente se ubica en la Colonia Hipódromo, tiene la mayor variedad de alcohol en la zona, además de pimientos rojos rostizados, quesos franceses, pastas importadas y otras delicias.

f *@lanavalmexico* **◉** *@lanaval*

⌂ *www.lanaval.com.mx*

7 Orion
Tonalá #257 / 044 55 7438 0559

TUE MAR · SUN DOM 10:00 AM-2:00 PM,
3:00 PM-6:00 PM

An adorable shop for the tiniest of shoppers. They sell paint-it-yourself stuffed animals, kids' camping tents, onesies, children's books, and lots of little trinkets for toddlers and babies.

Una adorable tienda para los compradores más jóvenes. Venden muñecos de peluche para pintar, tiendas de campaña para niños, ropa de bebé, libros infantiles y muchas cositas para los peques.

f @orionkidsmx **○** @orionkidsmx

Services
SERVICIOS

❶ Hospital Ángeles Metropolitano
Tlacotalpan #59 / 5265 1800 (Emergencies · Emergencias 5265 1801[2])

This hospital and its various annexes dominate the streets between Baja California, Medellín and Insurgentes. The Grupo Empresarial Ángeles hospital network has a strong reputation for being one of the city's best —and most expensive— health-care providers.

Este hospital y sus numerosos anexos dominan las calles entre Baja California, Medellín e Insurgentes. El Grupo Empresarial Ángeles es reconocido por ser uno de los mejores proveedores de salud de la ciudad y uno de los más caros.

f @HospitalAngeles **○** @hospitalangeles
⌂ www.hospitalesangeles.com/ metropolitano

❷ Tonino Bike Repair
Tonalá #223 / 5264 5610

THU JUE · **TUE** MAR **10:00 AM-8:00 PM**
WED MIÉ **10:00 AM-6:00 PM**

Gabriel and Fernando, our local bike guys, run this small and no-frills bike shop where you won't be charged an arm and a leg just to change a flat tire.

Gabriel y Fernando, nuestros bicicleteros, manejan esta pequeña y sencilla tienda, donde reparar una simple llanta no te saldrá en un ojo de la cara.

❸ Marcos y Molduras Roma
Coahuila #113 5574 1158, 5584 0610

MON LUN · **FRI** VIE **10:00 AM-7:00 PM**
SAT SÁB **10:00 AM-5:00 PM**

This frame shop does very professional work for reasonable prices and can usually have your order ready within just a few days.

Esta tienda de marcos hace un trabajo muy profesional por un costo razonable y su servicio es rápido.

f @mymrzroma
⌂ www.marcosymoldurasroma.com.mx

❺ Ciber Tu Chip
Baja California #95 / 6821 5196

MON LUN · **FRI** VIE **8:00 AM-8:30 PM**
SAT SÁB **9:00 AM-2:00 PM**

This small internet and copy shop is conveniently open late and has

or Moctezuma's revenge.

El laboratorio Polanco ofrece diferentes servicios de estudios médicos. Tengas o no un médico de cabecera, acudir a este centro de salud es una manera conveniente de evaluar si tienes parásitos, amibas o la venganza de Moctezuma.

f *@Labpolanco lmpolanco.com/ sucursales/distrito-federal/ centro-medico-cuauhtemoc*

four computers for patron use. They scan, print, copy and sell Maruchan ramen.

Este pequeño cibercafé y papelería es muy conveniente, pues cierra hasta tarde y ofrece cuatro computadoras para los clientes. Escanean, imprimen, fotocopian e incluso venden sopas instantáneas Maruchan.

f *@Ciber tu Chip Baja California*

❺ Laboratorio Médico Polanco

Cuauhtémoc #379 / 5564 8409

MON LUN · FRI VIE 6:00 AM-7:00 PM
SAT SÁB 6:00 AM-5:00 PM
SUN DOM 8:00 AM-2:00 PM

The Polanco lab has comprehensive medical testing services. Whether you have a personal doctor or not, it's a convenient way to get tested for parasites, amoebas,

❻ Lumen

Coahuila #163 / 5574 6105

MON LUN · FRI VIE 9:00 AM-9:00 PM
SAT SÁB 10:00 AM-9:00 PM
SUN DOM 10:00 AM-8:00 PM

Lumen is the Office Depot for artists. They have hundreds of varieties of paper, pens, brushes, and paint, as well as supplies for organizing your life. Just walking in makes you feel creative.

Lumen es el Office Depot de los artistas. Tienen cientos de variedades de papeles, plumas, pinceles y pintura, así como diferentes artículos para organizar tu vida. Con sólo entrar te sientes más creativo.

f *@PapeleriaLumen*
◎ *@papeleria_lumen*
⌂ *www.lumen.com.mx*

❼ Centro de Belleza Integral

Coahuila #189 / 5574 1673

MON LUN · **FRI** VIE **7:00 AM-7:00 PM**

SAT SÁB **10:00 AM-7:00 PM**

I've gotten my haircut at several places throughout the Roma. Here I like the price, the neighborly service, and I'm always happy with the final result.

Me he cortado el cabello en varios lugares de La Roma, pero lo que me gusta de este salón es el precio y el ambiente vecinal. Además, siempre quedo feliz con el resultado final.

📘 *@Life and Style*
(Centro de Belleza Integral)

❽ Centro Quiropráctico Wilson

Tuxpan #10, PH2
5574 6604, 044 55 2411 4349

TUE MAR **7:00 AM-6:00 PM**

THU JUE **12:00 PM-6:00 PM**

FRI VIE **7:00 AM-9:30 AM**

SAT SÁB **7:00 AM-1:00 PM**

Dr. Brian Wilson and his partners can fix any ache or pain, from long-standing issues to sports injuries and the wear-and-tear from too many hours in front of a computer. They'll even adjust your dog.

El doctor Brian Wilson y su equipo pueden arreglar cualquier dolor o molestia, desde problemas posturales y lesiones deportivas hasta el desgaste que se genera por pasar muchas horas frente a la computadora. También ofrecen servicios para perros.

📘 *@CentroQuiropracticoWilson*
🏠 *www.centroquiropracticowilson.com*

❾ Dirección Territorial Roma-Condesa

Antonio M. Anza no number, corner with Orizaba · Antonio M. Anza s/n, esq. con Orizaba
4335 8030

MON LUN · **FRI** VIE **9:00 AM-8:00 PM**

This office will receive citizen complaints and answer questions, as well as provide contact information for local *Comités Ciudadanos* or other elected representatives.

Esta oficina recibe cientos de quejas y responde preguntas de los ciudadanos. También provee información de contacto de los comités ciudadanos y los representantes locales.

❿ Civil Registry · Registro Civil

Antonio M. Anza no number, corner with Orizaba · Antonio M. Anza s/n, esq. con Orizaba
4335 8053

MON LUN · **FRI** VIE **8:00 AM-2:00 PM**

Here Mexicans and foreigners alike register marriages, births, adoptions, divorces, and deaths.

The central registry offices are in Colonia Doctores, one neighborhood over. Éste es el lugar en donde mexicanos y extranjeros registran matrimonios, nacimientos, adopciones, divorcios y defunciones. Las oficinas centrales están en la Colonia Doctores, el vecindario contiguo.

Three banks in this area are relatively close to one another: Bancomer (Coahuila #216 – 5226 2663 – Mon · Fri 8:30 am-4:00 pm), HSBC (Insurgentes Sur #452 – 5721 2222 – Mon · Fri 9:00 am-5:00 pm) and Scotiabank (Tlaxcala #146 – 5728 1900 – Mon · Fri 8:30 am-4:00 pm).

En esta zona hay tres bancos relativamente cercanos entre sí: Bancomer (Coahuila #216 – 5226 2663 – Lun · Vie 8:30 am-4:00 pm), HSBC (Insurgentes Sur #452 – 5721 2222 – Lun · Vie 9:00 am-5:00 pm) y Scotiabank (Tlaxcala #146 – 5728 1900 – Lun · Vie 8:30 am-4:00 pm).

Culture
CULTURA

❶ Cine Tonalá
Tonalá #261 / 5264 4101

MON LUN · THU JUE 1:00 PM-12:00 AM
FRI VIE 1:00 PM-1:00 AM
SAT SÁB 10:00 AM-1:00 AM
SUN DOM 10:00 AM-11:00 PM

Cine Tonalá shows art flicks, documentaries, and a few mainstream movies. They also host film festivals, stand-up comedy nights, and the occasional concert. Their bar-lounge, with its mix of cocktails, *mezcal* and craft beers draws non-movie goers just as much as film buffs.

Cine Tonalá proyecta películas independientes, documentales y algunos estrenos comerciales. También alberga festivales de cine, noches de comedia *stand-up* y ocasionalmente conciertos. Su bar, con sus cocteles, mezcales y cervezas artesanales, atrae tanto a los cinéfilos como a los que sólo quieren echar un trago.

f @cinetonala 📷 @cinetonala
🏠 www.cinetonala.mx

❷ Black Studio
Tlacotalpan #20 / 5564 6422

MON LUN · FRI VIE 11:00 AM-2:00 PM, 4:30 PM-8:30 PM

Recognized as one of the best dance schools nationally, Black Studio teaches jazz dance, hip-hop, ballet, street and reggeaton and is geared toward young people who want to become professionals. Even the beginner classes can be pretty advanced.

Reconocida como una de las mejores escuelas de baile a nivel nacional, Black Studio ofrece clases de jazz, hip-hop, ballet, *street* y reguetón. Está dirigida a jóvenes que desean convertirse en bailarines profesionales, por lo que hasta las lecciones para principiantes resultan avanzadas.

f @BLACKSTUDIO
📷 @blackstudio_oficial
🏠 www.blackstudio.com.mx

❸ Huerto Roma Verde
Jalapa #234 / 5564 2210

MON LUN · FRI VIE 2:30 PM-8:00 PM
SAT SÁB · SUN DOM 10:00 AM-7:00 PM

At this urban garden you can purchase organic soil, compost, and veggies. They also host food truck rallies and organic farmers markets, offer workshops and courses and rent their garden out for events.

En este jardín urbano puedes comprar tierra orgánica, composta y verduras. También organizan eventos con *food trucks*, ofrecen talleres y cursos, y rentan su jardín para eventos.

f @huertoromaverde
📷 @Huertoromaverde
🏠 www.huertoromaverde.org

❹ Escuela de Gastronomía Mexicana
Medellín #111 / 4737 9494[95]

MON LUN · FRI VIE 9:00 AM-8:00 PM
SAT SÁB 9:00 AM-6:00 PM

Dominated by the personality of chef Yuri de Gortari, the Escuela de Gastronomía offers courses on everything from *tortilla*-making to classical Mexican cuisine and Christmas breads. Though not accredited, the culinary school has a solid reputation and people praise the classes they have taken there.

Dominada por la personalidad del chef Yuri de Gortari, la Escuela de Gastronomía ofrece cursos de todo tipo, desde cómo hacer tortillas hasta cómo hornear panes para Navidad. Aunque esta escuela culinaria no está acreditada, goza de muy buena reputación y es elogiada por quienes han estudiado ahí.

f @esgamex 📷 @esgamex
🏠 www.esgamex.com

Mercado Medellín

Mercado Medellín is by far one of the best places for eating and shopping in the *colonia*. It's not only an historic treasure and an integral part of buying, selling, and cooking in this neighborhood, but also a unique experience. This market, which was once an outdoor *tianguis* with simple tarps covering vendors as they sat or stood selling their wares, has been central to the community life of La Roma for over 100 years. Most vendors are old-timers, folks who remember when everyone in the neighborhood shopped here instead of the supermarket and when it was a meeting place for the local Jewish community.

El Mercado Medellín es, por mucho, uno de los mejores lugares para comer y comprar en la colonia. No sólo es una joya histórica y una parte integral de la actividad comercial y gastronómica en la zona; también es una experiencia única. Este mercado, que antes era un tianguis al aire libre con lonas que cubrían y daban sombra a los puestos, ha sido una parte central de la comunidad de La Roma durante más de 100 años. La mayoría de los vendedores tienen sus años y recuerdan cuando la gente de la colonia hacía todas sus compras aquí en vez de ir a los supermercados y cuando era un punto de reunión para la comunidad judía local.

Unlike the monstrous Mercado Merced or Central de Abasto, Mercado Medellín is manageable, and though you could probably spend an entire gluttonous day here, you can most definitely get through it in an hour and a half. That is, of course, if you don't get into a recipe swap with José at the Miramar Pescadería, start trading jokes with Helados Palmeiro owner Eugenio, or sit for a spell at the Colombia coffee stand sipping an espresso.

A diferencia de los enormes mercados de La Merced o la Central de Abasto, el Mercado Medellín es manejable, y aunque podrías pasear y comer el día entero allí, en realidad puedes recorrerlo todo en una hora y media. Esto es, siempre y cuando no te detengas a intercambiar recetas con José en la pescadería Miramar, a

bromear con Eugenio, el dueño de Helados Palmeiro, o a probar un espresso hecho con café de Colombia.

The market has all the regular wares you would expect. There are stands selling fruit and vegetables, meat, fish, paper goods, and dairy products; and plenty of general convenience items line the perimeter of the main market building. On the Monterrey side of the market, you will find four or so rows of shops selling plastic containers, electrical equipment, cleaning supplies, and hardware. Interspersed among them are a few beauty shops and a tailor, a key maker, and even a photo studio along the outside edge. On the Coahuila side of the market are the inexpensive lunch counters and juice stands that fill up with workers and residents from all over the *colonia* in the afternoon.

Aquí encuentras todo tipo de mercancías. Hay puestos que venden frutas y verduras, carne, pescado, bolsas, bandejas y rollos de papel, productos lácteos y un sinfín de abarrotes rodean el perímetro del edificio central. Sobre el lado de la avenida Monterrey verás cuatro o más filas de tiendas que venden contenedores de plástico, equipo eléctrico, productos de limpieza y de ferretería. Hay algunos puestos intercalados que venden productos de belleza y un sastre, un cerrajero y hasta un estudio de fotografía casi al llegar a la calle. Del lado de Coahuila están los puestos de comida corrida y de jugos que por las tardes se llenan de vecinos y trabajadores de todas partes de la colonia.

One of the market's most interesting characteristics is its sheer quantity of imported products from across Central and South America. Not surprisingly, you'll find a healthy number of Central and South Americans shopping there. You can buy good Colombian coffee, *yerba mate* from Argentina (a strong, bitter tea), Peru's Inca Kola, and Bucanero beer from Cuba. Beyond pre-packaged goods are all the ingredients you need for a South American feast —green plantains, *arepa* flour, yucca and lulo fruit.

Una de las características más interesantes del mercado es la inmensa cantidad de productos importados de Centro y Sudamérica. No es de sorprenderse, entonces, que mucha gente de esa parte del continente compre allí. Puedes conseguir café colombiano, yerba mate de Argentina, Inca Kola de Perú y cerveza Bucanero de Cuba. Además de los productos ya elaborados, puedes encontrar ingredientes para preparar un festín sudamericano, desde plátanos verdes, harina para hacer arepas, yuca, lulo y montones de especias.

This market doesn't really get going until 9:00 am and most vendors are packing up by 5:30 pm. Medellín is my top choice for flowers and flower arrangements in La Roma. It's also essential for fresh fish, meat, *mole* and *chiles*. If you take the time to look around you will discover gourmet coffee, organic eggs, and exotic fruits and vegetables. It's an adventure that soon becomes a daily ritual.

Hasta las 9:00 am no hay mucha acción y la mayoría de los vendedores comienzan a cerrar a las 5:30 pm. Medellín es mi mercado preferido cuando se trata de comprar flores y arreglos florales en La Roma; también para pescado fresco, carne, especias y chiles. Si te tomas el tiempo de descubrir el mercado encontrarás café gourmet, huevos orgánicos, y frutas y verduras exóticas. Es una aventura que muy pronto se convierte en una obsesión diaria.

Street Food

COMIDA CALLEJERA

❶ Carnitas de Medellín
Mercado Medellín (northeast corner · Esq. noreste)

SAT SÁB · **SUN** DOM **10:00 AM-5:00 PM**

Besides being some killer *carnitas* (try the *surtido*, or mixed, with all kinds of parts of the animal) this stand is always super lively and fun. Plus, you also always get a little bonus piece of fried pigskin to crumble on top.

Además de servir carnitas realmente buenas (prueba el taco surtido), este puesto tiene un ambiente animado y divertido. Además, siempre recibirás un poco de chicharrón extra para completar tu taco.

❷ Sunday Barbacoa · Barbacoa dominical
Campeche & Manzanillo

SAT SÁB · **SUN** DOM **9:00 AM-4:00 PM**

One of the Roma's most popular *barbacoa* stands; the meat is particularly soft and subtle in flavor. You can expect good soft, and deep-fried, tacos, consommé and all the fixings.

Uno de los puestos de barbacoa más populares de La Roma, su carne es particularmente tierna y de sabor sutil. Te encontrarás con buenos tacos, suaves y dorados, consomé y todas las guarniciones necesarias.

❸ El Comal Asesino
Tlaxcala & Manzanillo

MON LUN · **SUN** DOM **9:00 AM-5:00 PM**

A wildly popular spot with great *quesadilla* fillings, such as squash blossom, corn smut, potato and *chorizo*, sautéed mushrooms, chicken *tinga*, and dozens more. The service is fast and there is a juice stand right next to it.

Un sitio sumamente popular por sus buenos rellenos y guisados para quesadillas, como flor de calabaza, huitlacoche, papa con chorizo, setas salteadas y tinga de pollo, entre docenas más. El servicio es rápido y hay un puesto de jugos justo al lado.

❹ Tlacoyos & Quesadillas
Mercado Medellín

APPROX. APROX. **9:00 AM-4:00 PM**

There are two stands for *tlacoyos* and *quesadillas* outside the Medellín Market —one next to the Monterrey side parking lot and one next to the Medellín side parking lot. They are both excellent, but admittedly, the ladies on the Monterrey side are friendlier. Try them both, decide for yourself.

Hay dos puestos de tlacoyos y quesadillas afuera del mercado: uno al lado del estacionamiento, en Monterrey, y el otro en el estacionamiento del lado de Medellín. Los dos son excelentes, pero las mujeres que atienden del lado de Monterrey son más amables. Prueba los dos y decide.

⑤ Tortitas

Metro Chilpancingo Tuxpan & Baja California

24 HOURS 24 HORAS

For something a little different try this 24-hour stand outside the metro —*tortitas* (fried patties) of cauliflower, broccoli, carrot and potato, as well as grilled meat tacos and breaded and fried *chiles rellenos*.

Si quieres probar algo un poquito diferente, visita este puesto que abre las 24 horas afuera del metro. Venden tortitas de coliflor, brócoli, zanahoria y papa, además de tacos de carne asada y chiles rellenos capeados.

Section · Sección 6

Señor Jaime is my neighbor over on Huatabampo Street. We met in Centro Médico Park, walking our dogs. He has been writing for the local papers for over 40 years. He and his wife Margarita have lived in La Roma their whole lives; he grew up on Huatusco Street (just past Chilpancingo) and she a few blocks away on Baja California.

El señor Jaime, mi vecino, vive en la calle de Huatabampo. Nos conocimos en el parque de Centro Médico, mientras paseábamos a nuestros respectivos perros. Jaime ha trabajado como periodista para algunos diarios locales por más de 40 años. Junto con su esposa, Margarita, ha vivido en La Roma toda su vida. Jaime creció en la calle de Huatusco (casi despúes de Chilpancingo) y ella a pocas cuadras, en Baja California.

They have been unbelievable sources of neighborhood lore and legend for this section and the rest of the guide. Jaime introduced me to Sr. Ruiz, who at 94 is still making keys at his shop on Baja California. He took me to Potzollcalli for the first time and tipped me off about Biarritz Tortas on the other side of Baja California, housed in a building named after the Mexican bullfighter Fermín "Armillita Chico" Espinosa. According to Sr. Jaime, Biarritz, along with the Sears Roebuck on Insurgentes, were two of the first commercial establishments to set up south of the Centro Histórico.

Ambos se han convertido en una fuente de información invaluable sobre las tradiciones y leyendas de la colonia para esta sección y la guía en general. Jaime me presentó al señor Ruiz quien, a sus 94 años de edad, todavía hace llaves en su tienda de la avenida Baja California. Él me llevó a Potzollcalli por primera vez y me sugirió visitar Tortas Biarritz, al otro lado de Baja California e instaladas en un edificio nombrado en honor al torero mexicano Fermín "Armillita Chico" Espinosa. Según el señor Jaime, Tortas Biarritz, junto con el Sears de Insurgentes, fue uno de los primeros establecimientos comerciales construidos al sur del Centro Histórico.

Lots of things have changed in his old neighborhood since then. The tram that used to run along Baja California is gone. The Miguel Alemán highway that serves as La Roma's southern border was then still just the Piedad River, and the Parque Delta, now a three-story mall, was the Parque del Seguro Social, a baseball field that hosted rival teams Diablos Rojos and Los Tigres, both part of the Northern Mexican League. From his childhood home Jaime could hear the lineup as it was announced for every game.

Muchas cosas han cambiado en su viejo vecindario desde entonces. El tranvía que solía pasar por Baja California ya no existe. La autopista Miguel Alemán, que limita La Roma al sur, era entonces el río La Piedad, y el Parque Delta, ahora un centro comercial de tres pisos, era el Parque del Seguro Social, una cancha de beisbol donde jugaban los Diablos Rojos contra Los Tigres, ambos equipos de la Liga Mexicana del Norte. Desde su casa de la infancia, Jaime podía escuchar la alineación cuando la anunciaban antes de cada juego.

Sr. Jaime's old neighborhood is one of my favorites in La Roma. Maybe because it's still so residential, or maybe because it's hemmed-in by Miguel Alemán, Baja California, Insurgentes, and Cuauhtémoc, it has an intimate feel —whatever it is, it's a worthwhile afternoon walk or Sunday trip for *barbacoa* (roasted lamb) tacos. The most western part of this section (bordering Chilpancingo) has a new plaza, playground equipment, and benches to replace the very dilapidated and dirty concrete slab that was once there. Despite the traffic on Insurgentes, it's actually quite pleasant.

El viejo vecindario del señor Jaime es uno de mis favoritos en La Roma. Tal vez se deba a que aún conserva un aire residencial o a que, al estar encerrado entre Miguel Alemán, Baja California, Insurgentes y Cuauhtémoc, se siente más íntimo. Sin importar la razón, vale la pena caminar por esta zona un domingo para comer tacos de barbacoa. La parte más occidental de esta sección tiene una nueva explanada, juegos de niños y bancas que remplazaron la vieja y sucia plancha de cemento que solía estar ahí. Y a pesar del tráfico en Insurgentes, es un sitio realmente agradable.

This part of La Roma was hard hit in the recent 2017 earthquake with a half dozen buildings severely damaged. Still, the ambiance of these blocks remains upbeat. On the corner of Tlacotalpan and Bajío there's a flower seller all week long, and there are several veggie and fruit stands nearby. There's also a popular open-air market on Saturdays on Bajío from Manzanillo to Iguala. The streetside Virgin of Guadalupe might be able to protect you from the new drivers at the Panamericana Driving School on Baja California, but you'd do best to stay on your toes.

Esta parte de la Roma se vio muy afectada por el terremoto de 2017: la mitad de sus edificios sufrió daños. Aun así, el ambiente del barrio se mantiene optimista. En la esquina de Tlacotalpan y

Bajío hay un puesto de flores toda la semana y algunos de frutas y verduras. Los sábados se pone un tianguis muy popular en Bajío, de Manzanillo a Iguala. La imagen de la Virgen de Guadalupe, ubicada sobre la banqueta, puede protegerte de los conductores principiantes de la Escuela de Manejo Panamericana de Baja California, aunque lo mejor es que tengas cuidado.

Section · Sección 6

EATING & DRINKING ·
COMER Y BEBER

1 Ana María Barbacoa
2 Mano Santa Mezcal México
3 Rincón Cervecero
4 Tacos Beatriz
5 Las Margaritas
6 Tortas Biarritz
7 Tutti Frutti
8 Los Parados
9 La Nave Cosas Ricas
10 Taquería La Reyna
11 Calli Café
12 Panadería Cocoa

STREET FOOD · COMIDA CALLEJERA

1 Birria
2 Burritos Don Quique
3 Barbacoa on Sundays · Barbacoa dominical
4 Saturday Tianguis · Tianguis sabatino

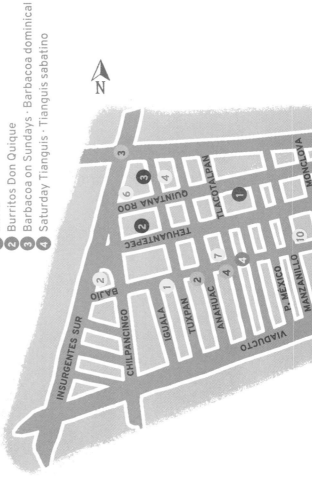

Streets on map: MEDELLÍN · TORREÓN · BAJA CALIFORNIA · CDA. BAJÍO · MONTERREY · LINARES · TONALÁ · TEOCELO · MISANTLA · URES · COATEPEC · ACAYUCAN · TOLUCA · CUAUHTÉMOC

SHOPPING · COMPRAS

1 Editorial Herder
2 Carnicería La Blanca
3 Chilpancingo Metro Stop · Parada del metro Chilpancingo
4 Sumesa
5 Librero en andanzas

SERVICES · SERVICIOS

1 Tehuantepec Hospital · Hospital Tehuantepec
2 Hospital Urgencias
3 Centro Médico Dalinde
4 Farmacia San Pablo
5 Cerrajería "Bolívar"
6 GV Computación
7 Tatuajes y Perforaciones Gallo Negro

CULTURE · CULTURA

1 Iglesia de la Divina Providencia
2 Iglesia Presbiteriana
  Yeon Hap en México

Eating & Drinking
COMER Y BEBER

y probar su guacamole con chapulines. Sirven mezcal de alta calidad y su menú de antojitos mexicanos, aunque pequeño, está bien escogido.

f *@manosantamezcal*
○ *@manosantamezcal*
🏠 *www.manosantamezcal.com*

① Ana María Barbacoa
Bajío #298

MON LUN · FRI VIE 9:00 AM-4/4:30 PM

Barbacoa cravings aren't just for Sundays, and you can feed your need any day of the week at Ana María's.

El antojo de barbacoa no es sólo para los domingos: todos los días puedes alimentar tu lado carnívoro en Ana María.

② Mano Santa Mezcal México
Insurgentes Sur #516 / 3662 6088

SUN DOM · WED MIÉ 4:00 PM-12:00 AM
THU JUE · SAT SÁB 4:00 PM-2:30 AM

The newest location of Mano Santa is still a little undiscovered and for now is a mellow place to hang out for a drink and some *guacamole* with roasted crickets. They serve high quality *mezcal* and a concise but well executed menu of Mexican snacks.

La nueva ubicación de Mano Santa es un poco desconocida, por lo que aún es un lugar tranquilo para tomar un trago

③ Rincón Cervecero
Bajío #131 / 7155 6337

TUE MAR · THU JUE 1:30 PM-11:00 PM
FRI VIE · SAT SÁB 1:30 PM-12:00 AM

A small craft beer store, with an extremely neighborly vibe, the Rincón Cervecero offers a range of Mexican craft beers and some from the rest of the globe. There are two or three tables if you want to sit and enjoy your beer in-store.

Pequeña tienda de ambiente vecinal, el Rincón Cervecero ofrece una gran variedad de cervezas artesanales mexicanas y algunas del resto del mundo. Cuenta con dos o tres mesas libres, por si quieres sentarte a disfrutar tu cerveza dentro del local.

🏠 *rinconcervecero.negocio.site*

④ Tacos Beatriz
Tuxpan #34 / 5264 6134, 6723 1184

MON LUN · FRI VIE 8:00 AM-8:00 PM
SAT SÁB 9:00 AM-6:00 PM

Recognized for their tacos *de guisado* (tacos with stew-like fillings) —*cochinita pibil* (roast pork), green *mole*, and *chicharrón* (fried pig skin) in salsa— Tacos Beatriz has several locations throughout the city and also caters events. Their fame is deserved.

Reconocido por sus tacos de guisado, cochinita pibil, mole verde y chicharrón en salsa, Tacos Beatriz tiene distintas sucursales en la ciudad y ofrece servicio de *catering*. Su fama es bien merecida.

5 Las Margaritas

Tehuantepec #56 / 5584 2006

MON LUN · FRI VIE 12:30 PM-4:00 PM *(lunch · comida)* 7:00 PM-11:00 PM *(quesadillas)*

This wildly popular *comida corrida* and *quesadilla* restaurant is full day and night. Big chunks of veggies in the consommé and hearty, delicious main plates like Mexican-style skirt steak and pork in a *chile pasilla* sauce make this a standout in its category, and it has by far some of the friendliest service.

Este lugar de comida corrida y quesadillas está lleno noche

y día. Con trozos de verduras en el consomé y deliciosos platos principales, como arrachera mexicana y cerdo en salsa de chile pasilla, Las Margaritas es un claro ganador en esta categoría y ofrece el servicio más amigable.

⑥ Tortas Biarritz
Insurgentes Sur #470 / 5564 5186

MON LUN · THU JUE 9:00 AM-12:30 AM
FRI VIE 10:00 AM-1:30 AM
SAT SÁB 9:00 AM-12:30 AM
SUN DOM 9:00 AM-10:30 PM

This famous *torta* (Mexican sandwich on a crusty white roll) shop dates back to the 1940s and was one of the first businesses in this part of La Roma. They still serve a dozen or more varieties of *tortas* at their lunch counter, though they now have a full restaurant and an outdoor patio that's quaint – even if it's close to bustling Insurgentes.

Sus famosas tortas datan de 1940, cuando el lugar era uno de los primeros negocios en esta zona de La Roma. Todavía sirven una gran variedad de tortas, aunque ya tienen un restaurante completo y un patio exterior, a pesar de

su cercanía con la bulliciosa avenida Insurgentes.

🅕 *@tortasbiarritz*
🏠 *tortasbiarritz.com*

⑦ Tutti Frutti
Bajío #265 / 5564 4262

MON LUN · TUE MAR 7:30 AM-10:00 PM
THU JUE · FRI VIE 7:30 AM-9:00 PM
SAT SÁB 7:30 AM-7:00 PM

This is the permanent location of owners Blanca and Freddy's streetside fruit and vegetable stand. This narrow storefront sells cherry tomatoes, cut flowers, tiny pumpkins, various nuts, Brussels sprouts, purple cabbage, and other produce. They can get you anything with at least a day's notice.

Ésta es la sede permanente del puesto de frutas y verduras de Blanca y Freddy. En esta angosta tienda venden tomates *cherry*, flores, pequeñas calabazas, nueces, coles de Bruselas, col morada y otros productos. Si les avisas con un día de anticipación, pueden conseguir el producto que necesites.

⑧ Los Parados
Monterrey #333 / 8596 0191

MON LUN · THU JUE 12:30 PM-3:00 AM
FRI VIE · SAT SÁB 12:30 PM-5:00 AM
SUN DOM 12:30 PM-2:00 AM

The open grill and the skilled masters wielding knives and

spatulas behind it will put you in a trance, especially if it's 2:00 am. Favorites are the marinated pork *al pastor* tacos, the *cecina* and *chorizo* combo tacos, and the crispy *tortillas* smothered in cheese called *volcanes*.

El movimiento de los taqueros mientras blanden cuchillos y espátulas detrás de la parrilla te hipnotizará, especialmente si son las 2:00 am. Mis favoritos son los tacos al pastor, de cecina y chorizo, y las crujientes tortillas rellenas de queso conocidas como volcanes.

⑨ La Nave Cosas Ricas
Tehuantepec #72 / 5564 3057

MON LUN · FRI VIE 9:00 AM-6:00 PM
SAT SÁB 9:00 AM-4:00 PM

This health-food store sells organic eggs, milk and yogurt, chemical-free soap, shampoos and deodorants, specialty salts, Eek tea, Stevia in liquid and leaf form, lentil burgers and soy burgers.

Esta tienda naturista vende huevos, leche y yogur orgánicos, jabón, champú y desodorantes libres de químicos, sales especiales, estevia en hojas y líquido, hamburguesas de soya y de lentejas.

f *@navecosasricas*
📷 *@lanavecosasricas*

⑩ Taquería La Reyna
Bajío #227

MON LUN · SUN DOM 10:00 AM-8:30 PM

This neighborhood favorite has three taco stations —pork *al pastor* on a rotating spit, deep-fried pork *carnitas*, and tender beef *suadero*. Patrons can sit or stand, dousing their tacos in deep red *chipotle* sauce, and revel in the fact that it's costing them less than 1 usd per taco.

Este favorito del vecindario tiene tres puestos: uno de puerco al pastor, otro de carnitas y otro de suadero. Los clientes pueden pararse o sentarse, mientras remojan sus tacos en salsa roja de chipotle, y se deleitan al saber que cada taco sólo cuesta 6 pesos.

⑪ Calli Café
Tonalá #341 / 8436 6618

MON LUN · FRI VIE 7:30 AM-10:00 PM
SAT SÁB · SUN DOM 8:30 AM-9:00 PM

Super friendly owners add to the charm of Calli's. A few tables and chairs outside, less than half a dozen inside, the space is intimate but doesn't feel crowded. There's free

Wi-Fi, good coffee, and a list of pastries and small snacks.

El encanto de Calli radica en la amabilidad de sus dueños. Con menos de seis mesas en su interior, el lugar es íntimo pero no se siente abarrotado. Hay Wi-Fi gratis, buen café y una nutrida lista de pasteles y bocadillos.

f *@Calli Café*

⊙ *@calli_cafe*

12 Panadería Cocoa

Tehuantepec #72
6723 5500

MON LUN · FRI VIE 8:00 AM-8:00 PM
SAT SÁB 8:00 AM-8:00 PM

This sleepy little bakery has a delicious selection of pastries like chocolate croissants, danishes, and cinnamon rolls. They also sell rustic baguettes and *chapata* bread for sandwiches, and fabulous Oaxacan coffee ground or prepared.

Esta pequeña panadería de barrio tiene una deliciosa selección de panes dulces como *croissants* de chocolate, rollos de canela y pan danés. También venden baguettes rústicas y pan chapata para sándwiches, además de un fabuloso café oaxaqueño en grano o preparado.

Shopping
COMPRAS

1 Editorial Herder

Tehuantepec #50 / 5523 0105

MON LUN · FRI VIE 9:00 AM-6:00 PM
First Saturday of every month
(same hours) ·
Primer sábado de cada mes
mismo horario)

The quality of Herder's books and the bright orderliness of their space is a delightful surprise. Books start at around 11 USD, and their selection includes a wide range of authors and genres. They also have an ample variety of German-language books.

Tanto la calidad de los libros de Herder como la organización del espacio son una grata sorpresa. Aquí encontrarás libros a partir de los 200 pesos y su selección incluye una amplia variedad de autores y géneros. También tienen libros en alemán.

f *@HerderMusical*

⊙ *@bibliotecamusicalherder*

🏠 *www.herder.com.mx*

2 Carnicería La Blanca

Bajío #208 / 5264 8768

MON LUN · FRI VIE 8:00 AM-6:30 PM

La Blanca, a neighborhood institution, offers a full range of

y Baja California están rodeadas por vendedores y puestos de todo tipo. Puedes comprar papel, lentes de sol, paraguas, bolsas, ropa deportiva, camas para perros, medias, cepillos y hasta películas pirata en DVD a precios bajos, pero su calidad no es muy buena.

meat and poultry products and the owners are on friendly terms with everyone in the *barrio*.

La Blanca es toda una institución en el vecindario, pues ofrece una gran variedad de carnes y aves. Además, los dueños se llevan bien con todos en la colonia.

3 Chilpancingo Metro Stop · Parada del metro Chilpancingo

Vendors and stands of every kind surround the four metro stops on the corner of Insurgentes and Baja California. You can buy paper, sunglasses, umbrellas, handbags, sports jerseys, dog beds, socks, hairbrushes and pirated DVDs, all cheap, but not top quality.

Las cuatro paradas del metro en la esquina de Insurgentes

4 Sumesa

Tlacotalpan #266 / 5564 2348
MON LUN · SUN DOM 7:00 AM-10:00 PM

This Sumesa grocery was the neighborhood's first. For anyone living in this area it's the nearest supermarket and it's close to several restaurants, making it a lively corner on the weekends.

El primer Sumesa de la colonia, este supermercado es el más cercano para cualquiera que viva en la zona y se ubica en una esquina rodeada de restaurantes, lo que lo hace un lugar muy animado durante los fines de semana.

5 Librero en andanzas

Bajío #156 / 6275 8888, 6723 2013
MON LUN · FRI VIE 10:00 AM-6:00 PM
SAT SÁB 10:00 AM-3:00 PM

This used bookstore's collection is vast, including

works in English, Italian, and French, and the prices —starting at 2 USD a book— are unbeatable. They have another location just up the street on the corner of Bajío and Medellín and a great website where you can search for any book.

Esta tienda de libros usados posee una gran colección, que incluye libros en inglés, italiano y francés, y los mejores precios: desde 30 pesos cada libro. Hay otra sucursal a una calle de distancia, en la esquina de Bajío y Medellín. Además, su página de internet es muy buena, ya que te permite buscar cualquier título.

f *@libreroenandanzas*
@libreroenandanzas
www.libreroenandanzas.com

Services
SERVICIOS

Banks · Bancos

There are three banks in this section: two Banamex branches (Monterrey #345 – Mon · Fri 9:00 am-4:00 pm and Insurgentes Sur #454 – 01 800 021 2345 – Mon · Fri 9:00 am-4:00 pm), and one Bancomer (Medellín #310 – 5226 2663 – 8:30 am-4:00 pm).

En esta zona hay tres bancos: dos sucursales de Banamex (Monterrey #345 – Lun · Vie 9:00 am-4:00 pm e Insurgentes Sur #454 – 01 800 021 2345 – Lun · Vie 9:00 am-4:00 pm), y un Bancomer (Medellín #310 – 5226 2663 – 8:30 am-4:00 pm).

Hospitals and Medical Facilities · Hospitales e instalaciones médicas

1 Tehuantepec Hospital (Tehuantepec #139 – 5574 4111 – Mon · Sun 8:00 am-8:00 pm) handles scheduled surgeries. **2** Hospital Urgencias has a neonatal unit and treats pediatric, obstetric, and gynecological emergencies (Tehuantepec #239). **3** Centro Médico Dalinde (Tuxpan #25-29 – Mon · Sun 8:00 am-8:00 pm – 5265 2800) has four buildings: one with emergency room, intensive therapy, ICU and medical lab; another with 72 specialists' offices; another for orthopedic surgery and cardiology; and another for rehabilitation and training.

There's a bevy of public parking options here and lots of little lunch spots, especially along Tuxpan.

1 Hospital Tehuantepec (Tehuantepec #139 – 5574 4111 – Lun · Dom 8:00 am-8:00 pm) realiza cirugías programadas. **2** Hospital Urgencias tiene una unidad neonatal y trata emergencias ginecológicas, obstétricas y pediátricas (Tehuantepec #239). **3** Centro Médico Dalinde (Tuxpan #25-29 – Lun · Dom 8:00 am-8:00 pm – 5265 2800) tiene cuatro edificios: uno con sala de emergencias, terapia intensiva y laboratorio médico; otro con consultorios de 72 especialistas; otro de cardiología y cirugía ortopédica, y otro de rehabilitación y entrenamiento.

Hay muchas opciones de estacionamiento y puestos de comida, sobre todo a lo largo de Tuxpan.

4 Farmacia San Pablo

Monterrey #360 / 5354 9000

24 HOURS · **24** HORAS

This area's biggest pharmacy is open 24 hours a day and sells all the basics, including generic medicine. They do home deliveries and have parking available.

Es la farmacia más grande de esta zona, está abierta las 24 horas y vende todo lo básico, incluyendo medicina genérica. Hace entregas a domicilio y tiene estacionamiento.

@farmasanpablo

www.farmaciasanpablo.com.mx

5 Cerrajería "Bolívar"

Tonalá #362A

6550 2907

MON LUN · **FRI** VIE **10:30 AM-8:00 PM**

SAT SÁB **10:30 AM-4:00 PM**

My new key maker when the place on Jalapa closed down, they are much more often in their shop (although there are times when you'll have to wait for them to come back from a job) and they haven't made me a bad key yet. There are also two more key makers on Bajío between Tuxpan and Tlacotalpan.

Esta cerrajería se convirtió en mi favorita desde que cerraron la tienda de Jalapa. Los dueños están en el local con mayor frecuencia (aunque a veces hay que esperar a que vuelvan de algún encargo) y nunca me han hecho una mala llave. También hay dos cerrajerías más en Bajío, entre Tuxpan y Tlacotalpan.

❻ GV Computación
Tehuantepec #111A
5574 0054
MON LUN · FRI VIE 9:00 AM-6:00 PM
I have nothing but good things to say about this computer repair shop, they always do quality work and never try to convince me to buy and fix things that don't need it. Their prices are reasonable and the turnaround fast.

No tengo más que cosas buenas que decir sobre este local de reparación de computadoras, pues siempre realizan un trabajo de calidad y nunca tratan de convencerme de comprar o arreglar cosas innecesarias. Sus precios son razonables y el servicio es rápido.

❼ Tatuajes y Perforaciones Gallo Negro
Bajío #115 / 6363 6792
MON LUN · SAT SÁB 1:00 PM-8:00 PM
Gallo Negro is a renowned tattoo parlor set in an unassuming house on Bajío with no sign out front. Knock on the black door or holler through the window to talk to someone. They specialize in Traditional European, Japanese, Geometric, Realistic and Black & Grey styles and their tattoo artists are trained in illustration, etching and painting.

Gallo Negro es un reconocido estudio de tatuajes ubicado en una modesta casa en Bajío, sin ningún letrero de anuncio. Toca en la puerta negra o grita por la ventana para que te atiendan. Se especializan en estilos tradicionales europeos, japoneses, geométricos y blanco y gris. Sus tatuadores tienen formación en ilustración, grabado y pintura.

f @gallonegrotatuajes
📷 @losgallonegro

Culture
CULTURA

① Iglesia de la Divina Providencia

Quintana Roo #50 / 5564 3992

MON LUN · **SUN** DOM **8:00 AM OR/O 7:00 PM** *(masses · misas)*

Hidden on a quiet strip of Quintana Roo, this chapel has an incredible mural decorating its altar niche and stunning stained-glass windows. According to a neighbor, it's also the church home of a few members of the singing group Los Hermanos Zavala, who still perform there on Sundays.

Escondida en una parte muy tranquila de la calle de Quintana Roo, esta capilla tiene unos murales preciosos que decoran su altar y unos vitrales impactantes. Según un vecino, es también la iglesia a la que acuden algunos integrantes del grupo Los Hermanos Zavala, quienes aún cantan ahí los domingos.

f *@divinaprovidenciaroma*

② Iglesia Presbiteriana Yeon Hap en México

Bajío #180 / 5564 4832

This is a Korean Presbyterian church set up in a single-family home on Bajío. It has quite a large congregation and has been in the neighborhood for over a decade. They offer weekly guitar and drumming classes.

Iglesia presbiteriana coreana establecida en una casa familiar en la calle de Bajío. Tiene una nutrida congregación y ha estado en la colonia por más de una década. En ella se ofrecen clases semanales de guitarra y batería.

Street Food
COMIDA CALLEJERA

① Birria

Tehuantepec & Cuauhtémoc

MON LUN · **SUN** DOM **6:00 AM-10:00 PM**

For a shot of Jalisco, try out the *birria* stand on Tehuantepec. They are there from early in the am until late at night serving the metro crowd and have a 5 X 2-USD deal on tacos that comes with consommé.

Si quieres una probadita de Jalisco, visita el puesto de

birria al final de Tehuantepec. Abren desde temprano y hasta muy entrada la noche, sobre todo por los trabajadores que salen del metro. Tienen un paquete de cinco tacos por 30 pesos con consomé gratis.

② Burritos Don Quique
Corner of Medellín and Tehuantepec · Esq. de Medellín y Tehuantepec

TUE MAR · SAT SÁB 8:00 PM-6:00 AM
While not the California-style I'm used to, these suckers really feed my craving for a *burrito*. They have all kinds of main meats —steak with *nopal* cactus, *cecina enchilada, cochinita pibil*— and four different sizes depending on your hunger level, all with a base of refried beans and cheese.
Aunque no están hechos al estilo californiano al que estoy acostumbrada, sí logran satisfacer mi antojo de burritos. Los sirven con muchos tipos de carne (bistec con nopal, cecina enchilada, cochinita pibil...) y son de cuatro tamaños diferentes, de acuerdo con tu nivel de hambre. Además, todos incluyen frijoles y queso.

③ Barbacoa on Sundays · Barbacoa dominical
Ures & Tehuantepec

SUN DOM 9:00 AM-1/1:30 PM
Delicious *barbacoa* joint that is a neighborhood tradition, they have soft *barbacoa* tacos, crispy tacos *dorados* with *barbacoa* inside and consommé. Located right in front of the convenience store, it's the perfect place to sneak a beer if you're nursing a hangover.
Deliciosa barbacoa, considerada toda una tradición en el barrio, en este local se sirven tacos suaves, dorados y consomé. Por estar ubicado frente a una tienda de abarrotes, es el lugar perfecto para meter una cerveza de contrabando y curar tu cruda.

④ Saturday Tianguis · Tianguis sabatino
Bajío Street between Manzanillo & Iguala · Calle de Bajío entre Manzanillo e Iguala

SAT SÁB 9:00 AM-5:00 PM
This section's Saturday *tianguis* is a food lover's dream, with lots of tacos, prepared salads, ice cream, cakes, and fresh fruits and vegetables. The stands I mention are open from 9:00 am to 5:00 pm.

El tianguis sabatino de esta sección es un sueño para los amantes de la comida, con muchos tacos, ensaladas preparadas, helados, pasteles, verduras y frutas frescas. Los puestos que menciono abren de 9:00 am a 5:00 pm.

The first *barbacoa* stand you come upon on the Manzanillo side of the market is delicious, with soft tacos and consommé. A little further down is Chamorros de Mérida; you will recognize it by all the pork shanks (*chamorros*) sitting around the butcher's block. They sell tacos and meat by the kilo, and the *chamorro* taco outshines them all.

El primer puesto de barbacoa que hallarás en la parte del tianguis que colinda con Manzanillo es muy bueno, sobre todo por sus tacos suaves y el consomé. Un poco más adelante está Chamorros de Mérida; lo reconocerás por las pantorrillas de cerdo amontonadas sobre su tabla de cortar. También venden carne por kilo y el taco de chamorro es la estrella del menú.

A little further down is El Cuñado *barbacoa*, also fantastic and Ana María's, which is listed in the Eating and Drinking part of this section. Next to Ana Maria's, Mexicanito has great Sonora-style fish tacos that make it a worthy stop. One last stop is always the *tepache* vendor (a type of fermented drink made with pineapple rind); his beverage is strong, but refreshing.

Un poco más adelante está El Cuñado, que también vende muy buena barbacoa, y Ana María's, que se ubica en el apartado Comer y beber de esta sección. Al lado de Ana María's está El Mexicanito, famoso por sus tacos de mariscos estilo Sonora. Recomiendo una última parada en el puesto de tepache, cuya bebida es fuerte pero refrescante.

Bike Rental
Renta de bicicletas

Touring the neighborhood by bike is one of the most enjoyable means of getting around. I recommend a few different bike services.

Explorar el barrio en bici es una de las maneras más agradables para conocerlo. Recomiendo algunos servicios de renta de bici.

Pa'l Roll

TUE MAR · SUN DOM 9:00 AM-6:00 PM

Pa'l Roll allows visitors to rent a bike for one or several days while in the city. They deliver it (with helmet and U-lock) right to your door and pick it up when your rental is over for free. The cost is extremely affordable (20 USD for 24 hours), you can book and pay online (a 50% deposit is required and the rest of the payment upon delivery of your bike), and they only need a form of ID as a guarantee for rental (driver's license or passport). Staff speaks both Spanish and English, and they offer bike tours.

Pa'l Roll renta bicis a quienes visitan la ciudad por uno o varios días. La entregan (con casco y candado) a domicilio y pasan a recogerla sin costo después de su uso. El precio es muy accesible (370 pesos por 24 horas) y reservas y pagas en línea (se requiere un depósito del 50 por ciento y el resto se paga contra entrega de la bici); sólo te piden una identificación como garantía de la renta (licencia de conducir o pasaporte). El personal habla español e inglés y ofrecen *tours* en bici.

📘 *@PalRoll1*
📷 *@palroll*
🏠 *www.bikerentalmx.com*

Poráy

Veracruz #3, Int. 5 / 6394 3259

MON LUN · FRI VIE 9:00 AM-2:00 PM
SAT SÁB 9:00 AM-4:00 PM
SUN DOM 8:00 AM-4:00 PM

Poráy's closest office is in La Condesa and they rent bikes by the hour (4 USD), day (24 USD) or week (58 USD), with helmets, lights, and locks. You can pick them up at the office or they will deliver and pick them up for 8 USD (4 USD each way). For rental you must leave an official piece of ID (driver's license, passport, FM3 or FM2 form from the Mexican Department of Immigration). They also need a confirmation or receipt from your hotel or Airbnb to confirm your local address. They offer bike tours too.

La oficina de Poráy más cercana está en La Condesa; rentan bicis por hora (75 pesos), día (450 pesos) y semana (1,100 pesos), con cascos, luces y candados. Puedes recogerlas en la oficina o te las pueden entregar y recoger a domicilio por 150 pesos (75 pesos ida y vuelta). Para rentar necesitas una identificación oficial (licencia de conducir, pasaporte o documento migratorio) y un comprobante o confirmación de tu hotel o Airbnb para corroborar tu dirección local. También ofrecen *tours* en bici.

f @PorayCondesa
📷 @poraybike
🏠 www.poray.bike

Bicigratis

Along Reforma Avenue, two stands in Polanco, three in Coyoacán Sobre · Av. Reforma, dos puestos en Polanco, tres en Coyoacán

5574 6798

TUE MAR · SAT SÁB 10:00 AM-5:45 PM
(last rental 4:45 pm · último turno 4:45 pm)

SUN DOM 8:00 AM-3:15 PM
(last rental 2:15 pm · ltimo turno 2:15 pm)

Bicigratis has several stands set up along Reforma that they man during the Sunday ride each week (the avenue is blocked off from vehicular traffic from 8:00 am to 4:00 pm). You have to leave your actual passport with them as a guarantee, which sounds scary, but I've done it and had no issues getting it back. The bike rental is free but only for three hours. You must return your bike to the same station you rented it from when you're done.

Bicigratis tiene varios puestos sobre Reforma que atienden cada domingo durante el recorrido Muévete en Bici (la avenida se cierra a los automóviles de 8:00 am a 4:00 pm). Para usar sus bicis tienes que dejar tu pasaporte si eres extranjero, y aunque da un poco de miedo, yo lo hice un par de veces y nunca tuve problemas. La renta es gratis pero sólo por tres horas. Debes regresar tu bici a la misma estación de donde la recogiste.

Ecobici

Oaxaca #7 / 5005 2424

MON LUN · FRI VIE 11:00 AM-7:00 PM
SAT SÁB · SUN DOM 11:00 AM-3:00 PM

Mexico City's shared bike program, Ecobici stations are located throughout the neighborhood (check the Transportation Map in this guide). They have a cheap daily (5 USD), three-day (10 USD) seven-day (17 USD) or yearly (23 USD) pass but the requirements are more complicated and make more sense for someone here long term. You must bring a valid ID and a photocopy of it (for visitors, a passport or driver's license) and have a Mexican credit card. A deposit of 87 USD will be frozen on your card for the length of your short-term rental (yearly subscriptions don't include a deposit). Bikes can be picked up and ridden at 45-minute increments and then you must switch them out for a new bike or drop them off at a nearby station (you can take out consecutive bikes).

Ecobici, el programa de bicis compartidas de la Ciudad de México, tiene estaciones en todo el vecindario (ver el Mapa de transporte en esta guía). Hay opciones baratas para un día (99 pesos), tres días (198 pesos), siete días (329 pesos) o un año (439 pesos) pero los requisitos son más complicados, por ello lo recomiendo para alguien que se quedará más tiempo en la ciudad. Debes presentar una identificación oficial y su fotocopia (para visitantes, pasaporte o licencia de conducir); además, necesitas tener una tarjeta bancaria mexicana, para que en ella te cobren 1,645 pesos que permanecerán "congelados" en tu cuenta por lo que dure la renta (las inscripciones anuales no incluyen depósito). Puedes recoger y usar una bici por 45 minutos; después deberás cambiarla o dejarla en una estación cercana (puedes tomar varias bicis consecutivas).

f @ecobici
🅞 @ecobicicdmx
🏠 www.ecobici.cdmx.gob.mx

Section · Sección 7

This area of La Roma, which borders La Condesa, is a slightly fancier zone, and yet, there is still some tried and true neighborhood grit here —just take a walk through the Colima Market or eat at the Cafetería Paradise for a taste of down-home. The lovely Plaza Cibeles, with its replica of Spain's Cibeles Fountain in Madrid, is surrounded by restaurants with outdoor seating that, despite the circle's traffic, make for a very pleasant afternoon. The plaza was once called the Glorieta de la Condesa Miravalle, and in the center was one of La Roma and Condesa's first wells, Pimentel. It was an important part of the *colonia's* modern image when it was built in the early 20th century.

Esta zona de La Roma —limítrofe con La Condesa— es una de las más elegantes, aunque aún se distingue la esencia del barrio; al caminar por el Mercado Colima o comer en la Cafetería Paradise percibirás ese toque vecinal. La bonita Plaza Cibeles, con su réplica de la Fuente de Cibeles en Madrid, está rodeada de restaurantes con mesas al aire libre que, a pesar del tráfico que los rodea, son ideales para pasar una tarde muy agradable. Esta plaza, que alguna vez fuera llamada Glorieta de la Condesa Miravalle, tenía en su centro uno de los primeros pozos de La Roma y La Condesa: Pimentel. Fue una parte muy importante de la imagen moderna de la colonia cuando se construyó a principios del siglo xx.

Saturdays and Sundays in Plaza Cibeles center around the Bazar del Oro, an outdoor market that sells clothing, jewelry, crafts, and more, and has a cozy coffee shop (Café del Oro) set up right in the middle of it. The market fills Oro Street from Insurgentes to Cibeles and is open from 11:00 am to 6:00 or 7:00 pm.

Los sábados y domingos la actividad en Plaza Cibeles se centra alrededor del Bazar del Oro, un mercado al aire libre que vende ropa, joyas, artesanías y más. Hay un café (Café del Oro) justo en medio del bazar. El mercado llena toda la calle Oro desde Insurgentes a Cibeles y está abierto de 11:00 am a 6:00 o 7:00 pm.

Famed photographers Tina Modotti and Edward Weston lived here on Veracruz Street in the 1920s. There is a well-known photo by Weston that shows Modotti sprawled out naked on the rooftop of their building there. This section is also home to some of the neighborhood's nicest B&Bs and hotels, including La Casona and Condesa DF. Main thoroughfares like Monterrey, Medellín, and Salamanca are heavily trafficked, especially in the afternoons. Riding a bike here can be a drag, but streets like Valladolid, Guadalajara, and even Puebla (past Salamanca) are quiet, tree-lined, and have some of the area's most attractive architecture.

Fotógrafos renombrados como Tina Modotti y Edward Weston vivieron aquí en la calle de Veracruz en la década de 1920. Hay una famosa foto tomada por Weston que muestra a Modotti tumbada, desnuda, sobre el techo de su edificio. Esta sección alberga algunos de los hoteles y B&Bs más bonitos de la colonia, como La Casona y Condesa DF. Hay mucho tráfico en las vías principales de la zona, como Monterrey, Medellín y Salamanca, especialmente por las tardes. Andar en bicicleta por aquí puede resultar pesado, pero calles como Valladolid, Guadalajara e incluso Puebla (después de Salamanca) son tranquilas, arboladas y tienen las casas más bonitas del área.

The restaurants of this area offer a glimpse of La Roma's gastronomically eclectic community. You'll find Jalil serving Lebanese cuisine on Durango; Milou, a French cafe, on Cozumel; Ostería 8, possibly the neighborhood's best Italian place, on Sinaloa; Macrobiótico Tao on Cozumel; and Boul, a pan-Latin rice bowl restaurant, also on Cozumel. Lunchtime street food centers on Durango, from Sonora to Valladolid. Saturdays and Sundays, the restaurants on Durango are brimming over, especially Mexican seafood restaurant Contramar, a Roma institution.

Los restaurantes en esta zona son una muestra del eclecticismo gastronómico de La Roma. Algunos ejemplos son Jalil, que sirve comida libanesa en la calle de Durango; Milou, un café francés sobre Cozumel; Ostería 8, posiblemente el mejor restaurante italiano del vecindario en Sinaloa; y Macrobiótico Tao y Boul, con cocina latina basada en el arroz, los dos en Cozumel. A la hora de la comida conviene ir hacia Durango, de Sonora a Valladolid. Los restaurantes sobre Durango siempre están llenos, especialmente el lugar de mariscos Contramar, toda una institución en La Roma.

Section · Sección 7

SLEEPING · DORMIR

1. La Casona Hotel
2. Hostel 333
3. Hotel Villa Condesa
4. Condesa DF

EATING & DRINKING · COMER Y BEBER

1. El Manjar
2. Mexsi Bocu
3. Mercado Colima
4. Gin Gin
5. 7 Buddhas Healthy Bar
6. Imperial Bar
7. Cafetería Paradise
8. Centro Macrobiótico Tao
9. Café Milou
10. Fonda Los Tíos
11. Contramar
12. Caldos de Gallina Luis
13. Streats Bistro

SHOPPING · COMPRAS

1. El Cigarrito
2. Telas Junco
3. Camino
4. Dormimundo
5. Estado Natural
6. Rue 11
7. Veerkamp
8. Punto de Cruz Café
9. Sumesa
10. Diseños Pedro Loredo
11. Atelier Central
12. El Palacio de Hierro
13. Muebles San Jerónimo
14. Bazar del Oro
15. Bodegas Alianza

14 Bar Oriente
15 Can Can
16 Angelopolitano
17 Ostería 8
18 Boul
19 Pad Thai
20 Kura
21 Fonda Fina
22 Expendio Durango
23 Ballaró
24 Cancino Pizzeria
25 Pulquería
Los Insurgentes
26 Mano Santa

CULTURE · CULTURA

1 La Cibeles Fountain
& Villa Madrid Plaza ·
Fuente La Cibeles
y Plaza de Villa Madrid
2 Radio 6.20 AM
3 Universidad
de las Américas
4 Hydra
5 Casa del Agua

STREET FOOD · COMIDA CALLEJERA

1 Tacos Orinoco
2 Tacos de birria estilo Jalisco
3 Quesadillas y Tlacoyos Vicky
4 Súper Jugos Curativos

SERVICES · SERVICIOS

1 Secretaría de Movilidad
2 Gimnasio Condesa
3 Hospital María José Roma
4 Sanatorio Durango
5 Centro Cambiario Rápido
6 Internet Station
7 Todo de Cartón
8 Rizzo Condesa

Sleeping
DORMIR

① La Casona Hotel
Durango #280 / 5286 3001

La Casona's refined vintage style can be felt in its small but cozy rooms with worn wooden floors and 1960s-style tiled bathtubs. Rates start at 144 USD and include taxes and breakfast.

El estilo retro refinado de La Casona puede apreciarse en sus pequeñas y cálidas habitaciones con pisos de madera gastados y tinas de baño sesenteras. Las tarifas comienzan en 2,720 pesos e incluyen impuestos y desayuno.

f *@HotelLaCasonaDF*
◎ *@hotelcasonadf*
⌂ *www.hotellacasona.com.mx*

② Hostel 333
Colima #333
6844 7592

Your basic backpackers' den, this cheap place is right between two of the city's hippest neighborhoods. Beds start at 13 USD with breakfast. It's a great place to meet other young travelers.

El típico hostal de mochileros, ubicado entre las dos colonias más de moda. Hay camas desde 250 pesos con desayuno incluido y es un excelente lugar para conocer a otros viajeros.

f *@hostal333*
◎ *@hostel333*

③ Hotel Villa Condesa
Colima #428
5211 4892, 5256 5535

A handful of rooms around a small courtyard and outdoor cafe, Villa Condesa has quirky decorations (mismatched furniture, brightly-lit palm trees), a cloistered feel, and a fantastic location right on the edge of Condesa and Roma Norte. Rooms range from 155 to 195 USD, plus taxes.

Las habitaciones de Villa Condesa rodean un pequeño patio y café, y su decoración es poco convencional (muebles que no hacen juego, palmeras recubiertas de luces). El lugar se siente un poco apartado y tiene una ubicación fantástica justo en el límite entre La Condesa y la Roma Norte. Los cuartos van de los 2,920 a los 3,673 pesos, más impuestos.

f *@villacondesa*
📷 *@villacondesa*
🏠 *www.villacondesa.com.mx*

④ Condesa DF
Veracruz #102 / 5241 2600

Its colonial facade gives way to a modern, chic interior centered around "El Patio," the hotel's Japanese-Mexican fusion restaurant. The rooms are sleek and simple, and the third floor rooms have individual wood- floor patios that look out over Veracruz. The triangular bar on the roof has great views of Parque España. Rooms start at 345 USD.

Su fachada colonial es el preámbulo a un interior moderno y chic, ubicado alrededor del restaurante de cocina mexicojaponesa "El Patio". Las habitaciones son simples y elegantes y las del tercer piso tienen patios individuales con pisos de madera que dan hacia Veracruz. El bar triangular en la azotea ofrece fantásticas vistas del Parque España. Los precios por cuarto comienzan en 6,500 pesos.

f *@GrupoHabita*
📷 *@grupohabita*
🏠 *www.condesadf.com*

Eating & Drinking
COMER Y BEBER

① El Manjar
Tabasco #316 / 5514 6694

MON LUN · SUN DOM 9:00 AM-6:00 PM

This extremely popular *comida corrida* sells a variety of seafood specialties and grilled-meat-and-vegetable-filled *molcajetes* for two, three, or ten people. Come early for a seat as it's crowded with office workers from 2:00 to 4:00 pm.

Esta súper popular comida corrida vende una variedad de mariscos y molcajetes llenos de carne asada y verduras para dos, tres o diez personas. Ven temprano para conseguir mesa, ya que se llena de oficinistas entre las 2:00 y las 4:00 pm.

f *@elmanjar*
O *@el.manjar*

② Mexsi Bocu
Durango #359 / 3099 4920
MON LUN · WED MIÉ 1:00 PM-11:00 PM
THU JUE · SAT SÁB 1:00 PM-12:00 AM
SUN DOM 1:00 PM-6:00 PM
This French-Mexican fusion restaurant has reliably good dishes (pasta with escargots and *epazote*, red wine-glazed short ribs) and an extensive wine list. Enjoy the oh-so-French decor and a front patio that looks out over leafy Durango. The service is excellent.

Restaurante que fusiona la comida francesa con la mexicana. Tiene muy buenos platillos (pasta con *escargots* y epazote, costillas braseadas con vino tinto) y una amplia lista de vinos. Disfruta del patio decorado a la francesa que

mira hacia la arbolada calle de Durango. El servicio es excelente.
f *@MexsiBocu.BistroBrasserie*
O *@mexsibocu*

③ Mercado Colima
Colima #397
6:00 AM-7:00 PM
This miniature version of the city's ubiquitous markets has a few fruit and veggie stands, one *comida corrida*, a chicken stand, key shop, hardware stall, and a sweets stand. The first two veggie and fruit stalls on either side as you walk in are the most frequented for quality and variety.

La versión miniatura de los ubicuos mercados de la ciudad. Tiene algunos puestos de frutas y verduras, una comida corrida, una pollería, una cerrajería, una ferretería y un puesto de dulces. Los dos primeros puestos de frutas y verduras a cada lado de la entrada son los más visitados por su calidad y variedad.

④ Gin Gin
Oaxaca #87 / 2745 5707
TUE MAR · THU JUE 5:00 PM-2:00 AM
FRI VIE · SAT SÁB 2:00 PM-2:00 AM
This bar is a crowd pleaser with an extensive list of complicated (and excellent) gin cocktails and an upbeat yet mellow atmosphere. Try a Bloody Gin

with Clamato and a salted rim, or the Sticky Gin with sake, Greek lemon, basil, and honey.

Ideal para ir con un grupo grande, este bar tiene una extensa lista de cocteles con ginebra que, aunque compleja, es excelente y el ambiente es alegre y relajado.

Prueba un Gin Sangriento con Clamato o el Sticky Gin con sake, limón verde, albahaca y miel.

f *@ginginroma*
○ *@ginginmexico*
↑ *www.gingin.mx*

⑤ 7 Buddhas Healthy Bar

Guadalajara #93 / 5211 4644

MON LUN · **THU** JUE **7:00 AM-8:00 PM**
FRI VIE **7:00 AM-6:00 PM**
SAT SÁB · **SUN** DOM **9:00 AM-3:00 PM**

One of my new favorites for a healthy breakfast, 7 Buddhas has what they call "smoothie bowls" (fruit, grains and milk or yogurt), various waffles with fruit and toppings, and great toast —artisanal bread with toppings like salmon, avocado and cherry tomatoes.

7 Buddhas se ha convertido en uno de mis lugares favoritos para desayunar saludablemente.

Destaca por sus "*smoothie bowls*" (fruta, granos y leche o yogur), sus waffles con fruta y otras guarniciones, y su excelente pan campesino tostado acompañado de salmón, aguacate o tomates *cherry*.

f *@sevenbuddhasmx*
○ *@sevenbuddhasmx*
↑ *www.sevenbuddhas.mx*

⑥ Imperial Bar

Álvaro Obregón #293 / 5208 0566

THU JUE · **SAT** SÁB **10:00 PM-3:00 AM**

The velvet and wood in the Imperial Bar create a dark, seedy setting without the seediness. In reality the bar is super chill, with a 30+ crowd and live music every night that includes a bit of everything —singer/songwriter, Latin jazz, blues, rock and indie pop.

Las texturas de terciopelo y madera del Imperial Bar producen una atmósfera oscura como salida de una película de la mafia. Sin embargo, el bar es súper tranquilo, con una concurrencia que supera los 30 años de edad, y música en vivo cada noche. Escucharás un poco de todo: baladas, jazz latino, blues, rock y pop independiente.

f *@ElImperialClub*
○ *@elimperialclub*
↑ *www.elimperial.tv*

⑦ Cafetería Paradise
Chapultepec #562 / 5211 4940

MON LUN · FRI VIE 7:00 AM-11:00 PM

Sit in one of Paradise's schoolhouse-orange plastic chairs and sip diner drip coffee from a thick ceramic mug while enjoying homestyle favs like *chilaquiles* and hotcakes with a paper-thin slice of deli ham on top. Not just a meal, but an experience.

Siéntate en una de sus sillas de escuela (con respaldos de plástico anaranjado) y bebe café de máquina en una taza gruesa de cerámica mientras disfrutas de alimentos clásicos como chilaquiles y *hotcakes* con jamón. La Cafetería Paradise ofrece, más que una comida, una experiencia.

⑧ Centro Macrobiótico Tao
Cozumel #76 / 5211 4641

MON LUN · SAT SÁB 10:00 AM-6:00 PM
(shop · tienda) 1:30 PM-5:00 PM
(restaurant · restaurante)

This place favors mild, natural seasonings, but their dishes are pretty flavorful. The daily set menu includes a wholegrain cereal or legume, a salad, fermented veggies, a hot main dish, hot tea and a macrobiotic dessert. A store in front sells grains, legumes, sugarless jams, dried fruits, and macrobiotic tapioca.

Aunque prefieren los condimentos naturales y suaves, sus platillos tienen mucho sabor. Su menú diario incluye cereales o legumbres, ensaladas, verduras fermentadas, un plato fuerte caliente, té caliente y un postre macrobiótico. La tienda de enfrente vende granos, legumbres, mermeladas sin azúcar, frutas secas y tapioca macrobiótica.

f *@Centro Macrobiotico Tao*

⑨ Café Milou
Veracruz #38 / 7098 1422

MON LUN · SAT SÁB 8:00 AM-11:00 PM
SUN DOM 10:00 AM-10:00 PM

Café Milou replaced one of my favorite cafes in this section, but I might like it just as much. The light-as-a-cloud eggs are even tastier accompanied by one of the many international newspapers they have subscriptions to. Dinner is an intimate affair with wine, cheese, and main plates like ox tail.

Café Milou remplazó a uno de mis cafés favoritos en esta sección, pero creo que me gusta tanto como el anterior. Los huevos (ligeros como nubes) son todavía mejores cuando se acompañan con la lectura de los varios periódicos

internacionales que ofrecen.
Cenar aquí es un asunto íntimo
con vino, queso y platos como
cola de buey.

f *@cafemiloumx*
⊙ *@cafe_milou*
🏠 *www.cafemilou.com*

⑩ Fonda Los Tíos
Durango #270C / 5514 6175

MON LUN · FRI VIE 1:00 PM-6:00 PM
This *comida corrida* joint is a
bit of a madhouse, with the
waitresses yelling orders to
the kitchen, patrons flowing
in and out, and Lupita, making
homemade *tortillas* in front
of the restaurant, calling
out "*¡pásale!*" every time
someone walks out the door.
But the portions are large
and delicious. Try the massive
chicken *mixiote* (a baked
chicken spiced with a *guajillo*
chile and avocado leaf).
Esta comida corrida parece
un manicomio: los meseros
gritan pedidos al personal de
la cocina, los clientes entran
y salen, mientras Lupita hace
tortillas frente al restaurante
e invita a la gente a pasar.
Las porciones son generosas
y deliciosas. Prueba el
gigantesco mixiote de pollo
(cocinado con chile guajillo
y hojas de aguacate).

f *@fondalostios*

⑪ Contramar
Durango #200 / 5514 9217

SUN DOM · THU JUE 12:00 PM-6:30 PM
FRI VIE · SAT SÁB 12:00 PM-8:30 PM
Under the direction of chef
Andrés Barragán, Contramar
has come to be synonymous
with great seafood in Mexico
City. Their tuna *tostadas* are
famed, but the menu is full of
other temptations as well. Come
early or make a reservation;
they have limited hours and are
almost always packed.
Bajo la dirección del chef
Andrés Barragán, la marisquería
Contramar se ha convertido en
sinónimo de excelencia en la
Ciudad de México. Sus tostadas
de atún son famosas, pero el
menú está repleto de otras
tentaciones. Ven temprano
o haz una reservación, pues
su horario es limitado y casi
siempre está lleno.

f *@Contramar*
⊙ *@contramarmx*
🏠 *www.contramar.com.mx*

⑫ Caldos de Gallina Luis
Puebla #181

24 HOURS A DAY, 365 DAYS A YEAR ·
24 HORAS AL DÍA, 365 DÍAS AL AÑO
These are some of the best
caldos de gallina (chicken soup)
I've tried; the seasonings and
extras (lime, cilantro, salsas, raw

onion) are just right. They are a local favorite and tend to be packed around lunchtime.

Aquí tienen unos de los mejores caldos de gallina que he probado; sus condimentos y extras (limones, cilantro, salsas, cebolla cruda) son perfectos. Es un lugar popular entre los locales y suele estar lleno a la hora de la comida.

13 Streats Bistro

Puebla #231 / 6798 1374

MON LUN · FRI VIE 9:00 AM-6:00 PM
SAT SÁB 9:00 AM-5:00 PM
SUN DOM 9:00 AM-1:30 PM

Almost hidden by the trees on Puebla, Streats has delicious sandwiches (like the French-dip roast beef baguette or the smoked salmon with cucumber and dill on a bagel) and tasty *aguas* (pineapple, orange and mint, or banana and lettuce, etc.). It's one of my favorite lunch spots in this part of La Roma.

Casi escondido entre los árboles de la calle de Puebla, Streats tiene deliciosos sándwiches (la baguette crujiente de rosbif o el bagel de salmón ahumado con pepino y eneldo son deliciosos) y muy ricas aguas (piña, naranja y menta o plátano con lechuga, por nombrar algunas). Es uno de mis lugares favoritos para comer en esta parte de La Roma.

f *@streatsbistro*
◎ *@streatsbistro*
🏠 *www.streats.com.mx*

⑭ Bar Oriente
Durango #181 / 7822 8959

WED MIÉ · SAT SÁB 6:00 PM-4:00 AM

A blend of Mexican flavors and Japanese techniques, Bar Oriente's food surprises me with how good it is —in particular the grilled octopus in *adobo* and the Ao *ceviche* garnished with mustard greens. Slip upstairs for a night of neon-lit private karaoke or downstairs for live music and basement ambiance.

Con una fusión de sabores mexicanos y técnicas japonesas, la comida de Bar Oriente me sorprende por su calidad, en particular su pulpo asado con adobo y el ceviche Ao servido con hojas de mostaza. En el piso de arriba puedes disfrutar de una noche de karaoke dentro de una cabina privada iluminada con neón, o escuchar música en vivo y gozar del ambiente bohemio en el piso de abajo.

f *@barorientemx*
◎ *@bar_oriente*
🏠 *www.oriente.bar*

⑮ Can Can
Durango #175 / 7824 9431

TUE MAR · SAT SÁB 1:00 PM-2:00 AM

Can Can feels like a bar in another city —it's nice without being pretentious, lively without being overcrowded, the service is great and the list of classic cocktails includes a few lesser-seen concoctions like a Long Island Ice Tea, Moscow Mule, or the Can Can version of Pimm's.

Can Can se siente como un bar de otra ciudad: es bueno sin ser pretencioso y animado sin estar atascado; el servicio es muy eficiente y la lista de coctelería clásica incluye algunos tragos poco comunes en la Ciudad de México como Long Island Ice Tea, Moscow Mule o la versión Can Can de un Pimm's.

f *@cancandf*
◎ *@cancancdmx*

16 Angelopolitano

Puebla #371

6391 2121, 6391 2020

SUN DOM · WED MIÉ 1:00 PM-7:00 PM

THU JUE · SAT SÁB 1:00 PM-11:00 PM

If you have a hankering for Poblano food, there's no need to go all the way to Puebla —just to Puebla Street. Angelopolitano has excellent *mole poblano*, wheat-bread sandwiches typical to Puebla called *cemitas*, *chiles en nogada* (*poblano* peppers stuffed with meat and dried fruit filling), and other regional favorites created by Poblano chef Gerardo Quezadas.

Si tienes antojo de comida poblana no tienes que ir hasta la ciudad de Puebla, sino mucho más cerca: a la calle del mismo nombre. Angelopolitano tiene un excelente mole poblano, cemitas, chiles en nogada y otros favoritos de la región creados por el chef poblano Gerardo Quezadas.

f *@RestauranteAngelopolitano*
○ *@angelopolitanodf*

17 Ostería 8

Sinaloa #252 / 5212 2008

TUE MAR · THU JUE 2:00 PM-11:00 PM

FRI VIE 2:00 PM-11:30 PM

SAT SÁB 2:00 PM-11:00 PM

SUN DOM 2:00 PM-8:00 PM

This Italian restaurant is run by a New Yorker far from home.

Enjoy a low-key atmosphere with great Italian favorites like tagliatelle pasta with pancetta and mushrooms, some of the city's best pizza, and a limited, but quality, list of wine.

Este restaurante italiano es atendido por un neoyorquino que vive en México. Disfruta de un ambiente relajado con algunos favoritos italianos como pasta tagliatelle con pancetta y hongos, y una de las mejores pizzas de la ciudad. La carta de vinos es limitada, pero de calidad.

f *@Osteria8* ○ *@osteria_8*
⌂ *osteria8.com.mx*

18 Boul

Cozumel #22 / 5211 6583

MON LUN · WED MIÉ 1:00 PM-9:30 PM

THU JUE · SAT SÁB 1:00 PM-10:30 PM

Their menu claims Latin food from across the continent and there's definitely something bohemian-cozy with a touch of the exotic about Boul's decor. The Oaxaca *mole* bowl with *milanesa* and egg is a must, the cilantro rice with fish, mango and jicama, also fantastic.

Su menú asegura ofrecer comida de toda Latinoamérica y su decoración es acogedora y bohemia con toques exóticos. El tazón de mole oaxaqueño con milanesa y huevo es un platillo obligado, y el arroz de cilantro con pescado, mango y jícama también es fantástico.

f @Boul-Cocina-Latina
◎ @boulcocinalatina
🏠 www.boulcocinalatina.com

19 Pad Thai
Sonora #49 / 5256 4518

TUE MAR · SAT SÁB 2:00 PM-10:00 PM SUN DOM 1:30 PM-6:00 PM

Well-made, large portions of Thai classics with a mellow ambiance and a nice lemon ice tea served daily.

Grandes porciones de platillos típicos tailandeses y un delicioso té de limón frío servidos a diario en un ambiente tranquilo.

f @PadThaiMexicoCity

20 Kura
Colima #378A / 5511 8665

MON LUN · SUN DOM 11:30 AM-11:30 PM

Far and away the best Japanese food in the Roma, Kura has about a million options on the menu that are worth trying. Definitely taste the pork belly soup and if you want something gooey and weird to end your night, order the mochi ice cream.

La mejor comida japonesa en el barrio la tiene Kura, con un millón de opciones en el menú que valen la pena. Definitivamente prueba la sopa de *pork belly* y si quieres algo

pegajoso y extraño pide el helado de mochi.

f @kuraizakaya
◎ @izakaya_kura
🏠 kuramexico.com

21 Fonda Fina
Medellín #79
5208 3925, 5533 9002

MON LUN · WED MIÉ 1:00 PM-11:00 PM THU JUE · SAT SÁB 1:00 PM-12:00 AM SUN DOM 1:00 PM-7:00 PM

Fonda Fina has become a popular spot for upscale versions of traditional Mexican recipes. The bulk of their menu is a kind of "build-your-own" *comida corrida*, with high-end proteins, gourmet sides and half a dozen classic sauces to choose from.

Fonda Fina es muy popular por servir versiones refinadas de recetas mexicanas típicas. Gran parte de su menú es una suerte de "Crea tu propia comida corrida", con proteínas de alta calidad, guarniciones gourmet y una selección de salsas clásicas.

f @fondafina ◎ @fondafinamx
🏠 www.fondafina.com.mx

22 Expendio Durango
Durango #202A / 5208 2029

MON LUN · FRI VIE 8:00 AM-7:00/8:00 PM SAT SÁB · SUN DOM 10:00 AM-7:00 PM

An extension of the Contramar restaurant group, this tiny

store and bakery offers hearty artisanal bread, salsas and marmalades, gourmet sweets, high-end products like Piedra de Agua water and Mexican craft beer, wine, and *mezcal*. There is a small food menu of mainly sandwiches and salads.

Extensión del grupo restaurantero Contramar, esta pequeña tienda y panadería ofrece panes artesanales, salsas y mermeladas, pastelería gourmet y productos finos como la bebida Piedra de Agua, cerveza artesanal, vino y mezcal mexicano. Cuenta con una pequeña carta de comida compuesta en su mayoría por sándwiches y ensaladas.

f *@ExpendioDurango*
o *@expendiodurango*
n *www.expendiodurango.mx*

23 Ballaró
Durango #216 / 5511 9111
MON LUN · TUE MAR 8:00 AM-10:00 PM
WED MIÉ · THU JUE 8:00 AM-11:00 PM
FRI VIE · SAT SÁB 8:00 AM-12:00 AM
SUN DOM 8:00 AM-10:00 PM
This Italian restaurant/Mexican bakery is a nice place for Sunday lunch or a coffee and sweet roll during the week. The bakery is just sweets and cakes —no savory breads— and the restaurant has a full menu of pastas, pizzas, *tapas* and Italian desserts like cannoli.

Este restaurante italiano con panadería mexicana es un buen lugar para comer en domingo o disfrutar de un café con pan dulce entre semana. No elaboran pan salado y el restaurante tiene un menú completo de pastas, pizza, tapas y postres italianos como cannoli.

f *@BallaroMex*
o *@ballaromex*
n *www.ballaro.mx*

24 Cancino Pizzeria
Plaza de Villa de la Madrid #13
6650 8598
SUN DOM · THU JUE 1:30 PM-11:00 PM
FRI VIE · SAT SÁB 1:30 PM-1:30 AM
A favorite for an evening under the stars. Lights twinkle in the trees above the sidewalk tables, bike wheels decorate the walls inside, the waiters are on the ball, and the pizza is crispy and delicious. Try the Serrano ham and arugula with balsamic vinaigrette or their famous four-cheese pizza.

Un favorito para una velada bajo las estrellas. Las luces titilan a través de los árboles, ruedas de bicicletas decoran las paredes, los meseros son súper atentos y la pizza es crocante y deliciosa. Prueba la de jamón serrano y arúgula con vinagre balsámico o su pizza de cuatro quesos.

f *@LosCancinos* o *@loscancinos*

25 Pulquería Los Insurgentes

Insurgentes Sur #226 / 5207 0917

MON LUN · **THU** JUE **2:00 PM-2:30 AM**
FRI VIE · **SAT** SÁB **1:00 PM-2:30 AM**
SUN DOM **2:00 PM-2:30 AM**

This bar has several different levels, all with different vibes. On the weekend you can dance on the top floor to techno, and during the week have a completely chill experience sipping *pulque* (a drink made from fermented agave sap) downstairs. There are also live plays, poetry readings, and talks.

Este bar tiene distintos niveles, cada uno con diferente onda. Los fines de semana puedes bailar música tecno en el piso superior y en la semana relajarte con un pulque en la planta baja. También hay conferencias, bandas en vivo, lectura de poesía y más.

🅕 *@pulqueriainsurgentes*

26 Mano Santa

Insurgentes Sur #219 / 5511 8827

TUE MAR · **WED** MIÉ **6:00 PM-2:00 AM**
THU JUE · **SAT** SÁB **4:00 PM-2:30 AM**
SUN DOM **6:00 PM-12:00 PM**

When they moved from their clandestine speakeasy on Durango Street I wondered if the Mano Santa would still draw the crowds like crazy. But their excellent *mezcal* and hipster ambiance is still winning hearts and bellies at their location on Insurgentes.

Cuando dejaron de ser un bar clandestino en la calle de Durango me pregunté si la gente seguiría llegando en masa, pero sus excelentes mezcales y el ambiente hípster aún logran ganar los corazones (y estómagos) de los comensales en su ubicación de Insurgentes.

🅕 *@manosantamezcal*
📷 *@manosantamezcal*
🏠 *www.manosantamezcal.com*

Shopping
COMPRAS

1 El Cigarrito

Oaxaca #116A / 5511 8392

MON LUN · **SAT** SÁB **11:00 AM-7:00 PM**

El Cigarrito sells cigars from across Latin America: Cuba, the Dominican Republic, Mexico, Nicaragua, and Honduras. Here you'll find brands like Arturo Fuentes, Miranda, Cohiba (the Cuban variety), Montecristo, and Rocky Patel. There is even a small nook in the back for enjoying a smoke.

El Cigarrito vende cigarros de toda Latinoamérica:

Cuba, República Dominicana, México, Nicaragua y Honduras. Encontrarás marcas como Arturo Fuentes, Miranda, Cohiba (la variedad cubana), Montecristo y Rocky Patel. Tienen también un rincón en la parte de atrás donde puedes disfrutar un cigarro.

f @gerardo.barrera.5264382

⊙ @tabaqueria_el_cigarrito

⌂ www.elcigarrito.com.mx

② Telas Junco

Cozumel #326 / 5211 4034

MON LUN · SAT SÁB 10:00 AM-8:00 PM

This neighborhood store has a large selection of fabric and other sewing supplies and they custom make curtains at reasonable prices.

Esta tienda tiene una amplia variedad de telas y productos de costura; además confeccionan cortinas a la medida a precios accesibles.

f @telasjunco

⊙ @telasjunco

⌂ www.telasjunco.com

③ Camino

Valladolid #55B / 8437 8942

MON LUN · SAT SÁB 11:00 AM-8:00 PM
SUN DOM 12:00 PM-6:00 PM

Camino has an eclectic display of bicycles, shoes, cool messenger bags, and quirky accessories for bikers and runners (pollution masks, magnetic lights, caps).

Camino tiene un ecléctico catálogo de bicicletas, zapatos, morrales modernos y accesorios para ciclistas y corredores como máscaras para contaminación, luces magnéticas y gorras.

f @caminostore camino___

⌂ www.camino.mx

④ Dormimundo

Oaxaca #46 / 5525 1192

MON LUN · FRI VIE 10:00 AM-8:00 PM
SAT SÁB · SUN DOM 11:00 AM-8:00 PM

Dormimundo offers a wide range of mattress brands at reasonable prices.

Dormimundo ofrece una amplia variedad de marcas de colchones a precios razonables.

f @Dormimundo

⊙ @dormimundomx

⌂ www.dormimundo.com.mx

⑤ Estado Natural
Sinaloa #61D / 8436 1081

MON LUN · FRI VIE 10:00 AM-8:00 PM
SAT SÁB · SUN DOM 11:00 AM-7:00 PM

While many of their products are easily found (and cheaper) in regular neighborhood markets like Colima and Medellín, Estado Natural does have some bulk products that are harder to get your hands on. Things like cacao butter, hemp seed, rice protein, active carbon, and mesquite flour.

Aunque la mayoría de sus productos se pueden encontrar fácilmente (y más baratos) en mercados como Colima y Medellín, Estado Natural tiene algunos productos a granel que son más difíciles de conseguir, como manteca de cacao, semilla de cáñamo, proteína de arroz, carbón activado y harina de mezquite.

f *@Estado-Natural*
⊙ *@estadonaturalmx*
⌂ *www.estadonatural.com.mx*

⑥ Rue 11
Sinaloa #106 / 5919 1221

MON LUN · FRI VIE 10:00 AM-7:00 PM
SAT SÁB 11:00 AM-5:00 PM

Rue 11 recently opened its public showroom in this part of the Roma where they work one on one with clients to create unique, high-end rugs in a variety of colors and sizes. They offer stock options as well as exclusive designs that run from around 2,225-4,609 USD.

Rue 11 abrió recientemente su *showroom* público en esta sección de La Roma donde trabajan con los clientes para crear tapetes únicos y de alta calidad en una variedad de colores y tamaños. Ofrecen diseños de inventario o exclusivos de 42,000 a 87,000 pesos.

f *@Rue11*
⊙ *@Rue11mx*
⌂ *www.rue11.com*

⑦ Veerkamp
Durango #263
5207 9096, 5207 2173

MON LUN · SAT SÁB 10:00 AM-7:00 PM
SUN DOM 10:00 AM-4:00 PM

More than 100 years ago, the Veerkamp brothers opened their first music store in the Centro Histórico on Mesones. Veerkamp can be expensive compared to other music shops, but they sell quality equipment: Ibáñez guitars, Tama drum sets, Orange brand amplifiers and more.

Hace más de 100 años, los hermanos Veerkamp abrieron su primera tienda de música en el Centro Histórico, sobre la calle de Mesones. Veerkamp puede ser costoso comparado con otras tiendas musicales, pero vende instrumentos de calidad:

guitarras Ibáñez, baterías Tama, amplificadores Orange y más.

f *@CasaVeerkamp*
◎ *@casaveerkamp*
🏠 *www.veerkamponline.com*

⑧ Punto de Cruz Café
Puebla #303 / 7261 7371

MON LUN · FRI VIE 9:00 AM-8:00 PM
SAT SÁB 9:00 AM-6:30 PM

I put this small cafe in shopping because the regional crafts they sell are more of a draw than their limited menu. Here you can find Oaxacan carvings, Huichol beadwork, and Puebla's *talavera* pottery all in one place.

Incluí este pequeño café en el apartado de Compras porque su colección de artesanías regionales es más atractiva que su menú. Aquí puedes encontrar alebrijes de Oaxaca, trabajos con cuentas huicholes y talavera de Puebla, todo en el mismo lugar.

f *@puntodecruzgaleriaycafe*
◎ *@puntodecruzcafe*

⑨ Sumesa
Oaxaca #120 / 5511 0440

MON LUN · SUN DOM 7:00 AM-11:00 PM

This is by far the neighborhood's roomiest grocery store, with a great variety of cheese, fruit, vegetables, and prepared foods, along with wine and an imported products section.

Este supermercado es, por mucho, el más grande del vecindario, con una gran variedad de quesos, fruta, verduras y comidas preparadas, además de vinos y una sección de productos importados.

⑩ Diseños Pedro Loredo
Salamanca #71 / 5511 1842

MON LUN · FRI VIE 11:00 AM-8:00 PM
SAT SÁB 12:00 PM-7:00 PM

Pedro Loredo was a Mexican fashion designer who started out in the 1950s. He was known for his transparent dresses in the 1960s and his coordinated separates, which went on to become a worldwide sensation. I love this shop's selection of vintage coats.

Pedro Loredo fue un diseñador de modas mexicano que comenzó a diseñar en 1950. Se le conoce por sus vestidos bordados y rebordados en canutillo, chaquira y lentejuela que se convirtieron en una sensación mundial. Me encanta la selección de tapados retro de la tienda.

⑪ Atelier Central
Durango #342 / 5286 6209

MON LUN · SAT SÁB 10:30 AM-2:00 PM, 3:00 PM-7:00 PM

Atelier Central sells elegant, sleek home accessories made

from wood, glass, and metal.
They have an extensive catalog
online with many items that you
won't see in the store.

Atelier Central vende accesorios
elegantes para el hogar
fabricados a partir de madera,
vidrio y metal. Tienen un amplio
catálogo en línea con muchos
artículos que no encontrarás en
la tienda.

f @AtelierCentralRoma
📷 @ateliercentral
🏠 www.ateliercentral.com.mx

⑫ El Palacio de Hierro
Durango #230 / 5242 9000

MON LUN · SUN DOM 11:00 AM-9:00 PM

Palacio de Hierro is a tradition
in Mexico and this location is
a monster, taking up its own
city block. It's your basic big
department store with midrange
clothing and accessories for the
whole family. This Palacio de
Hierro sits atop much of the area
that was once La Roma's first
bullfighting ring, built by Lucas
Alamán.

Palacio de Hierro es una tienda
departamental que ofrece
ropa y accesorios para toda la
familia. Es de gran tradición
en México y esta sucursal es
un monstruo: cubre casi una
cuadra entera y se encuentra
sobre la superficie de lo que
alguna vez fue la plaza de toros

de La Roma, construida por
Lucas Alamán.

f @PalaciodeHierro
📷 @palaciodehierro
🏠 www.elpalaciodehierro.com

⑬ Muebles San Jerónimo
Cozumel #81 / 5286 1941

MON LUN · FRI VIE 11:00 AM-7:30 PM
SAT SÁB 11:00 AM-6:30 PM

Muebles San Jerónimo designs
furniture from scratch or you
can look at their website for
ideas. At this location you can
find beautiful distressed wooden
bookshelves and faux-antique
benches.

Muebles San Jerónimo diseña
mobiliario desde cero o puedes
consultar su sitio de internet
para ver ideas. En esta sucursal
hallarás hermosos libreros de
madera y banquitos, ambos con
diseños *vintage*.

f @MueblesSanJeronimo
📷 @muebles_jeronimo

⑭ Bazar del Oro

SAT SÁB · SUN DOM 12:00 PM-6:00 PM

Every Saturday and Sunday the
market sets up from the Plaza
Cibeles to the intersection
of Monterrey and Oro. Come
browse for clothing, cell phones,
home accessories, dog beds,
and jewelry. It's a little more
put together and less crowded

than other street markets, and there's a delightful coffee shop right in the center. Cada sábado y domingo el mercado se instala desde la Plaza de Cibeles hasta la intersección de Monterrey y Oro. Aquí puedes encontrar ropa, celulares, accesorios para el hogar, camas para perro y joyería. Está un poco más organizado y menos concurrido que otros mercados callejeros. También hay una deliciosa cafetería en medio del bazar.

f @BAZAR DEL ORO
@bazardeloro

15 Bodegas Alianza
Oaxaca #137 / 5525 9962
MON LUN · THU JUE 9:00 AM-9:00 PM
FRI VIE · SAT SÁB 9:00 AM-11:00 PM
SUN DOM 10:00 AM-3:00 PM

This wine shop has slightly higher prices than La Europea and La Naval, but offers uncommon brands, and their written wine descriptions are helpful and informative. They also sell Mónica Patiño products, a range of liquors, and Riedel glassware.

Esta vinatería es ligeramente más cara que La Europea y La Naval, pero ofrece marcas poco comunes y descripciones útiles en cada una de sus botellas. También venden productos de Mónica Patiño, una variedad de licores, y copas y decantadores Riedel.

f @BodegasAlianza
@bodegasalianza
www.bodegasalianza.com

Services
SERVICIOS

1 Secretaría de Movilidad
Álvaro Obregón #269 / 5208 4196
(Vehicle Control · Control vehicular)
MON LUN · FRI VIE 8:00 AM-6:00 PM
SAT SÁB 9:00 AM-1:00 PM
(Hours depend on procedures · Horario depende del trámite)

Where you go to get your Mexico City driver's license, change your vehicle's title, or get it out of impound. The license costs 26 USD and there are no tests or questions. You just have to sign a statement that you're of sound mind and body and have your photo taken.

Aquí puedes tramitar tu licencia de manejo, cambiar la titularidad de un vehículo o sacarlo del corralón. La licencia cuesta 500 pesos y no hay exámenes ni preguntas. Simplemente debes firmar una declaración en la cual afirmas que estás en tu sano juicio y en buen estado físico, y luego te toman una fotografía.

❷ Gimnasio Condesa

Puebla #289 / 5514 0472

MON LUN · FRI VIE 6:00 AM-10:00 PM

SAT SÁB 8:00 AM-3:00 PM

This gym has lots of machines and classes to offer and is very popular in this section. They have a great space for lessons that overlooks Puebla from the third floor. Their basic package is 26 USD a month (includes weight machines, instructor, and sauna), and the sign-up fee is 16 USD.

Este gimnasio ofrece muchos aparatos y clases, por lo que es muy popular en esta sección. Tiene un espacio ideal para tomar clases en el tercer piso con vista a la calle de Puebla. Su paquete básico es de 500 pesos al mes (incluye aparatos, instructor y sauna) y el costo de inscripción es de 300 pesos.

❸ Hospital María José Roma

Cozumel #62 / 6650 9972[73][74]

María José offers emergency services as well as a variety of specialists across medical fields. They have a particular focus on maternity and birth, offering natural, Cesarean and water-birth services.

María José ofrece servicios de emergencias y consultas con una variedad de especialistas. Se especializan en maternidad y neonatología, al ofrecer servicios de parto natural, cesárea y acuático.

f *@hospitalmariajose*

🏠 *www.hospitalmariajose.com.mx*

❹ Sanatorio Durango
Durango #296 / 5148 4646
Opened in 1944, this is one of Mexico City's top five hospitals. They offer a wide range of in-and-out-patient services as well as emergency care and a blood bank.
Inaugurado en 1944, éste es uno de los cinco mejores hospitales en la Ciudad de México. Ofrecen un sinnúmero de servicios para pacientes hospitalizados y ambulatorios, tratamiento de emergencias y tienen un banco de sangre.

f *@sanatoriodurango*

🏠 *www.sanatoriodurango.com*

❺ Centro Cambiario Rápido
Monterrey #8 / 5208 2841
MON LUN · **FRI** VIE 9:00 AM-5:00 PM
One of the few places in the neighborhood to exchange foreign currency. The rates are generally good, as close as I have found to the official exchange rate.

Uno de los pocos lugares en la colonia para el intercambio de divisas. Por lo general, su tipo de cambio es bueno, lo más cercano que he encontrado al oficial.

❻ Internet Station
Durango #301
MON LUN · **SAT** SÁB 7:30 AM-10:00 PM
I like to include at least one internet place in every section. This one has about half a dozen computers, printing, scanning, and copying services and is right in the heart of the section on Durango Street.
Me gusta incluir al menos un lugar de internet en cada sección. Éste tiene media docena de computadoras y servicios de impresión, escaneo y fotocopiado. También está ubicado en el corazón de la sección en la calle de Durango.

❼ Todo de Cartón
Durango #217A / 9149 0753
MON LUN · **FRI** VIE 9:00 AM-7:00 PM
SAT SÁB 9:00 AM-2:00 PM
The super-friendly staff at this box and storage store will give you quotes on a variety of shipping services —Estafeta, FedEx, DHL, etc. They also sell packing materials and office supplies.
El personal de este negocio de cajas y paquetería es súper

amigable y te cotizará cualquier envío que necesites con múltiples empresas: Estafeta, FedEx, DHL, etcétera. También venden material para empacar y de oficina.

f *@CorporativoTododeCarton*

🏠 *www.tododecarton.com.mx*

⑧ **Rizzo Condesa**

Sinaloa #68 / 7092 2014

MON LUN · **SAT** SÁB **10:00 AM-8:00 PM**
SUN DOM **11:00 AM-6:00 PM**

Rizzo's offers cuts, coloring, and nail services and you can even bring along your dog. The price is right for the quality of the service (16 usd for a shampoo and cut) and the staff is easygoing and skilled.

En Rizzo puedes cortarte el pelo, teñirlo, hacerte *manicure* y *pedicure* e incluso traer a tu perro. Para la calidad del servicio tiene buenos precios (300 pesos por corte y lavado) y el personal es capacitado y amable.

f *@Rizzocondesa*

📷 *@rizzocondesa*

A plethora of banks can be found in this section: one Banorte at Durango #331 and another on the corner of Valladolid and Oaxaca (Mon · Fri 9:00 am-5:00 pm); a Santander on the corner of Monterrey and Durango (Monterrey #62 – 8:30 am-2:00 pm) and another branch on the corner of Colima and Oaxaca; a Banamex at Monterrey #345 and another on the corner of Oaxaca and Valladolid (Mon · Fri 9:00 am-4:00 pm); and the Bancomer on Salamanca and Durango (Mon · Fri 8:30 am-4:00 pm). There's also an HSBC on Oaxaca almost at the corner of Valladolid (Mon · Fri 9:00 am-5:00 pm) and an IXE at Oaxaca #98 (5511 5800 – Mon · Fri 8:30 am-6:00 pm).

En esta sección hay muchos bancos: un Banorte en Durango #331 y otro en la esquina de Valladolid y Oaxaca (Lun · Vie 9:00 am-5:00 pm); un Santander en la esquina de Monterrey y Durango (Monterrey #62 – 8:30 am-2:00 pm), otra sucursal en la esquina de Colima y Oaxaca; un Banamex en Monterrey #345 y otro en la esquina de Oaxaca y Valladolid (Lun · Vie 9:00 am-4:00 pm); y el Bancomer de Salamanca y Durango (Lun · Vie 8:30 am-4:00 pm). También hay un HSBC sobre Oaxaca casi en la esquina de Valladolid (Lun · Vie 9:00 am-5:00 pm) y un IXE en Oaxaca #98 (5511 5800 – Lun a Vie 8:30 am-6:00 pm).

Culture
CULTURA

1 La Cibeles Fountain & Villa Madrid Plaza · Fuente La Cibeles y Plaza de Villa Madrid
Intersection between Oaxaca, Durango & Medellín · Intersección entre Oaxaca, Durango y Medellín

The Cibeles Fountain stands on what was once the main potable water well for La Roma. A gift from the Spanish community living in Mexico City, it's an exact replica of its counterpart in Madrid's Plaza de Cibeles. It depicts Cybele, Roman goddess of fertility, sitting in a coach drawn by lions. Today the renovated plaza surrounding the fountain is a splendid place to walk and take photos.

La Fuente de Cibeles está sobre el que fuera el principal pozo de agua de La Roma. Un regalo de la comunidad española que vivía en la Ciudad de México, es una réplica exacta de su equivalente en la Plaza de Cibeles en Madrid. Representa a Cibeles, diosa romana de la fertilidad, sentada en una carroza conducida por leones. Hoy la plaza renovada que rodea la fuente es un espléndido lugar para caminar y tomar fotos.

❷ Radio 6.20 AM
Durango #341
5286 1222, 5553 9620
Oldies/classics station dubbed as the "voice of youth" when it was founded in the late 1940s. Known for its transmission of English-language hits, like the very first broadcast of the Beatles single "Love me do/ P.S. I love you" by a Spanish-language radio station anywhere in the Americas. Stream them live at their website; it has different programming than their regular radio channel.
Estación de radio de clásicos/ viejos éxitos nombrada la "voz de la juventud" cuando se fundó a fines de 1940. Famosa por transmitir *hits* en inglés, como la primera grabación del sencillo de los Beatles "Love me do/ P.S. I love you", transmitida por una radio de habla hispana en América. Sintonízala desde su sitio de internet; su programación es distinta a la de la radio regular.

🅵 *@admin620*
🏠 *www.radio620.com*

❸ Universidad de las Américas
Puebla #223 / 5209 9800
MON LUN · FRI VIE 9:00 AM-2:00 PM, 3:00 PM-6:00 PM
Once the Mexico City College, the Universidad de las Américas has bilingual degree programs. Located on Puebla Street, it offers bachelor's degrees in Psychology, Communication, International Relations, Law, and more. You can also pursue a master's in Administration, Clinical Psychology, Business and International Trade, and Education.
Antes conocida como el Mexico City College, la Universidad de las Américas cuenta con licenciaturas bilingües. Ubicada en la calle de Puebla, ofrece licenciaturas en Psicología, Comunicación, Relaciones Internacionales, Derecho y más. También puedes ingresar a su maestría en Administración, Psicología Clínica, Negocios y Comercio Internacional, y Educación.

🏠 *www.udlacdmx.mx*

❹ Hydra
Tampico #33 / 6819 9872
TUE MAR · SAT SÁB 12:00 PM-7:00 PM
Hydra is a new gallery/ workshop space dedicated to photography. They host

curiosity-piquing exhibits, have a photography bookstore, and offer conferences and other educational activities all related to the world as seen from behind the lens.

Hydra es una nueva galería y taller dedicada a la fotografía. Tiene exhibiciones que despiertan la curiosidad, una tienda de libros fotográficos, y ofrece conferencias y otras actividades educativas enfocadas en el mundo visto a través de una lente.

f *@Hydra + Fotografía*
⊙ *@lahydra*
🏠 *www.hydra.lat*

❺ Casa del Agua
Puebla #242 / 6277 7009

MON LUN · SUN DOM 1:00 PM-8:00 PM

Casa del Agua aims to remedy, on a small scale, an old Mexico City problem. Every year, downpours flood the city, yet filtration and water treatment systems to purify rainwater are lacking. Using a five-level filtration system they purify and rejuvenate rainwater that would otherwise go to waste. Buy their filtered bottled rainwater to support them.

Casa del Agua busca remediar, a pequeña escala, un viejo problema en la Ciudad de México. Cada año, fuertes lluvias inundan la urbe; pero no existe un sistema de filtración y tratamiento de aguas para potabilizar el agua de lluvia. Con un sistema de filtración de cinco niveles purifican el agua pluvial que de otra forma se desperdiciaría. Compra su agua de lluvia filtrada y embotellada para apoyarlos.

f *@casadelaguamx*
⊙ *@casadelaguamx*
🏠 *www.casadelagua.com.mx*

Street Food
COMIDA CALLEJERA

❶ Tacos Orinoco
Insurgentes Sur #253 / 5514 6917

SUN DOM · THU JUE 1:00 PM-4:00 AM
FRI VIE · SAT SÁB 1:00 PM-5:00 AM

While technically a restaurant, Tacos Orinoco has some of the most standout tacos in this part of the Roma. Try the *costra con chicharrón* (a crust of cheese with their pork belly-like *chicharrón* and pickled onions on top) or the *trompo* (which is this northern taco place's way of saying *pastor*).

Aunque técnicamente es un restaurante, Tacos Orinoco sirve algunos de los mejores tacos callejeros de esta zona. Prueba la costra de queso con chicharrón (con tortilla de harina o de maíz) o uno "de trompo", que es la manera de decir "al pastor" en Monterrey.

f *@taqueriaorinoco.cdmx*

⊙ *@taqueriaorinoco*

🏠 *www.taqueriaorinoco.com*

❷ Tacos de birria estilo Jalisco
Durango #247

MON LUN · SAT SÁB 8:00 AM-6:00 PM
They have a subtly spiced *birria* taco that I love, with free spicy broth and just enough bite in the salsa. There are also lamb head tacos.

Amo sus tacos de birria, sutilmente condimentados, acompañados de consomé gratis y una salsa que tiene el picor perfecto. También hay tacos de cabeza de borrego.

❸ Quesadillas y Tlacoyos Vicky
Corner of Durango and Salamanca · Esq. de Durango y Salamanca
044 55 2091 9973

MON LUN · SAT SÁB 8:00 AM-5:30 PM
Always packed for lunch, Vicky has *quesadillas*, *pambazos* (sandwiches made from bread rolls soaked in salsa), *tlacoyos* and tacos (steak, steak and *chorizo*, and *chorizo* and cheese). On Fridays they have *enchiladas* with green sauce or *mole*.

Muy popular a la hora de la comida, Vicky elabora quesadillas, pambazos, tlacoyos y tacos (de bistec, campechano y choriqueso). Los viernes hay enchiladas en salsa verde o mole.

❹ Súper Jugos Curativos
Corner of Valladolid & Álvaro Obregón · Esq. de Valladolid y Álvaro Obregón

MON LUN · FRI VIE 6:30 AM-3:00/4:00 PM
I like my morning juice from this guy —he always has a good variety, the stand looks clean and the juice is cheap and delicious.

Me gusta tomar mi jugo matutino con este chico, siempre tiene buena variedad de frutas, el puesto luce limpio y sus bebidas son buenas y baratas.

Inspiring Roma
La Roma inspira

L a Roma and its streets have long been an inspiration for art-ists and creators. Here are a few examples of Roma-inspired works to help you dig deeper into the neighborhood and its many residents, past and present.

L a Roma y sus calles han sido una fuente de inspiración para artistas y creadores durante años. He aquí algunos ejemplos de obras inspiradas en La Roma que te ayudarán a profundizar un poco más en el vecindario y sus numerosos residentes, actuales y del pasado.

Las batallas en el desierto
José Emilio Pacheco

This short novel, set in 1948, is Pacheco's homage to his childhood in La Roma. Its prose describes a changing neighborhood and a changing city through the eyes of Carlos, a young boy trying to find his place between the traditional attitudes of his family and the modernizing world around him. *Mariana, Mariana*, the 1987 film that was based on the book, was also partially filmed in La Roma.

Esta breve novela, ambientada en 1948, es un homenaje a la infancia de Pacheco en La Roma. Su prosa describe una colonia y una ciudad cambiante vista a través de los ojos de Carlos, un niño que intenta encontrar su propio lugar entre las actitudes tradicionales de su familia y el mundo que se moderniza a su alrededor. Algunas escenas de *Mariana, Mariana*, la película de 1987 basada en el libro, se filmaron en La Roma.

Los olvidados
Film by · Película de Luis Buñuel

Los Olvidados, one of Buñuel's most famous films, tells the story of a group of young street kids and the harsh reality they face in Mexico at the turn of the century. Most of this movie was filmed in the streets surrounding La Romita, the *colonia's* original settlement.

Los olvidados, una de las películas más famosas de Buñuel, narra la historia de un grupo de chicos de la calle y la dura realidad que enfrentan en el México de principios del siglo xx. La mayor parte de esta película fue filmada en los alrededores de La Romita, el asentamiento original de la colonia.

Tristessa
Jack Kerouac

While *Mexico City Blues* seems a likelier candidate for Kerouac's ode to La Roma, where he visited his friend William S. Burroughs on several occasions, most fans agree that *Tristessa* is actually the most representative of his time at Orizaba #210. Based on his relationship with a Mexican prostitute, *Tristessa* is a story of addiction and love, and the love of addiction.

Si bien *Mexico City Blues* parece ser la oda más indicada de Kerouac a La Roma, donde visitó a su amigo William S. Burroughs en numerosas ocasiones, la mayoría de sus admiradores concuerdan en que el libro *Tristessa* es más representativo de su estancia en Orizaba #210. Basado en su relación con una prostituta mexicana, *Tristessa* es una historia de adicciones y amor, y del amor por las adicciones.

El vampiro de la Colonia Roma
Luis Zapata Quiroz

The *Vampire of Colonia Roma* tells the story of the life and sexual awakening of Adonis García. In monologue format, presented as an interview, the narration, sprinkled with humor, tragedy and

Mexican slang, overflows with descriptions of the city's homosexual world, prostitution, and the small miseries framed by the metropolis. In the novel there are constant references to Colonia Roma, Chiapas Street, the corner of Insurgentes and Baja California, and many of the areas where Adonis García, the vampire of Colonia Roma, lived.

El vampiro de la Colonia Roma cuenta la vida y el despertar sexual de Adonis García. En un monólogo presentado a manera de entrevista, la narración, salpicada de humor, tragedia y argot mexicano, abunda en descripciones sobre el mundo homosexual de la ciudad, la prostitución y las pequeñas miserias humanas enmarcadas en la gran urbe. En la novela hay múltiples referencias a la Colonia Roma, la calle de Chiapas, la esquina de Insurgentes y Baja California y muchas otras zonas de la colonia en las que viviera Adonis García, el vampiro de la Colonia Roma.

Also read *Mal de amores* by Ángeles Mastretta, as well as *Los años con Laura Díaz* and *La cabeza de la hidra* by Carlos Fuentes.

Otras lecturas son *Mal de amores*, de Ángeles Mastretta; *Los años con Laura Díaz* y *La cabeza de la hidra*, de Carlos Fuentes.